オートポイエーシスとしての近代学校

その構造と作動パタン

北村和夫

世織書房

オートポイエーシスとしての近代学校 ―― 目次

第2章
学校と影響関係を持つ社会の他の部分 ―― 185

第3章
今ある学校とどうつきあうか —— 269

オートポイエーシスとしての近代学校

序説

近代学校はそれ以前の学校と同日には論じられない

少し前まで、教育学の教科書にはたいてい、英語の school の語源がギリシア語の scholē（英訳は leisure、これをわざわざ「閑暇」などと難しく訳していた）であることから、ギリシア時代に、生産力が発展し、労働から解放された自由な時間が確保されたから学校ができたと述べられていたが（例えば、筑波大学教育学研究会編『現代教育学の基礎』ぎょうせい、一九八二年、一四〜五頁）、まったくの俗説である。

第一に、すぐ後で述べるように、学校はギリシアで初めてできたのではない。第二に、自由な時間は石器時代から十分にあった（マーシャル・サーリンズ、山口ひさし訳『石器時代の経済学』法政大学出版局、一九八四年）。そして、第三に、教育は文化（その定義については後述）を伝達するために行われるのだが、ギリシア時代になって初めて、人間は文化を持つようになったのではない。地上に出現した時、すなわち約六〇〇万年前、チンパンジーと分かれたとき（後述するが、実はそれ以前から）、既に文化を持っていた。ということはつまり、ギリシア時代よりはるか以前から人間は教育を行ってきたのである。しかし、学校はなかった。必要がなかったからである。学校以前の教育はすべて、見よう見まねの教育であり、意図的なものではなかった。従って、教育というよりは、社会化と言った方が正確である。それに対し、学校は意図的な教育が行われる場である。従って、学校が生まれるためには、意図的に教えなければ伝えられない文化が成立していなければならない。そのような文化の質の違いを、前述の仮説はまったく考慮していない。では、意図的に教えなければ伝えられない文化とは何だろうか。

その最も重要なものは、文字である。聞き、話すことは、そして技能のかなりの部分は、集団の中で生活するだけで、見よう見まねで自然に身につけることができる。しかし、文字を書いたり読んだりは、見よう見まねで身につけることはできない。ただし、一言付言する必要がある。見よう見まねで身につける文化が単純であるとか、重要さで劣るといったことはない。見よう見まねでしか身につけられない文化はたくさんあるし、日常生活の大部分はそれで用が足りる。例えば、話し言葉は見よう見まねで身につけるものであり、一日中使うものであるが、書き言葉はたまにしか使わない。あえてこのことを強調するのは、私たちは、学校が普及したために、教えるとか学ぶということが成立するのは、学校という、そのために特別に作られた施設の中でだけだと錯覚しているからであり、そのことが教育に対する見方を歪めているからである。

ともあれ、私たちは自分が読み書きできるし、ほとんどの人ができる社会の中で生活しているために気づきにくいが、読み書きというのは非常に複雑な技能なのである。

書くことは神経と筋肉の熟練を必要とするのだが、このことは知られているだろうか。他のいかなる作業も、これほど多くの細かい末端神経を総動員することはない。書くことのできるものは自分の十本の指で何でもできる（ミッシェル・セール、米山親能訳『五感——混合の身体学』法政大学出版局、一九九一年、一一四頁）。

何でもできるということは、それ以上のことはできないということである。たぶん、文字を書くことは、人間の器用さの限界的作業の一つなのだ。たいていの人は、文字を書くとき以上に細かい作業をすることは、めったにない。裁縫が同程度に細かいと思われるが、慣れていない人は非常に神経を使わなければならない。それに、文字を書くときはある程度のスピードも要求される。だから、誰も自分の字体を、思い通りにはコントロールできないのである。さらに、耳で聞く音と文字との関係はまったく恣意的であるうえに、両者ともにかなり複雑である。それに、文字を書くときにはたいていは無言であるから、聞こえる音のどの部分と文字のどの部分が対応しているのか、文字を書いている人の動きを見ただけでは分からない。だから、見よう見まねの習得は無理である。誰かに教わらなければならない。特に、似たような文字のどの部分が有意味な差異（例えば、かたかなのシとツ、漢字の土と士など）かは、教わらなければ絶対に分からない。そんなわけで、自然な口頭での話と対照的に、書くことは、完全に人工的である。「自然に」書けるようになることは誰にもできない（W・J・オング、桜井直文他訳『声の文化と文字の文化』藤原書店、一九九一年、一七三頁）。

ということになる。

もちろん、尋常でない努力をして独学で文字を身につけた人もいるが、一般的ではない。では、いつごろ文字ができたかというと、今考察していることの関連ではあまり正確さにこだわる必要はないと思われるが、基本的には、「前四〇〇〇年頃、スサ（現イラン）で土器に描いた文字が現れる。前三三〇〇年頃、メソポタミア南部で絵文字が現れる。前三一〇〇年頃、エジプト聖刻文字成立、前二七〇〇年頃、シュメールの楔形文字成立」（ルイ＝ジャン・カルヴェ、矢島文夫監訳『文字の世界史』河出書房新社、一九九八年、二四一頁）、ということらしい。そして、初期の文字はもっぱら権力者のためのものだった。

初期の文字は、税収などの会計や契約を記録し、法令を伝達・保存し、あるいは重要人物の名と功績を墓に刻むといった役割、さらには古い儀式をとり行うといった宗教的役割を果たしていた。つまり文字と権力は密接な関係にある（『文字の世界史』二三八頁）。

つまり、文字を必要としたのは、権力者であり、行財政の管理や儀式のために必要だったのだ。しかし、自分で読み書きできなければならないとは感じなかった。読み書きの能力は非常に高度なものであり、習得には相当の努力が必要だ、ということがその主要な理由であろう。アッシリアの王アッシュル・バニパル（前六六八〜六二七）など少数の例外はあるが、普通はすべて書記に任せた。そして、その書記のための特別の訓練の場所として、学校が作られたのである。つまり、最初の学校は、王の書記の養成のために作られた。それは、最初にメソポタミアに、次いでエジプトにできた。このことについては、断片的な記述しか見当たらないが、例えば、アンドルー・ロビンソン『文字の起源と歴史』（片山陽子訳、創元社、二〇〇六年）には、「メソポタミアの書記の学校」（九五頁）とある。少し古いが、当時の様子がやや窺える記述を紹介しよう。

新王国時代（前一六世紀〜一一世紀―引用者）エジプトの教育は、二段階に分かれていた。少年たちは、まず、神殿付属の建物のなかで神官たちから一般教養として、主に古典を学び、これを終えると「書記」として、官庁の各部門に入り、実務を取りながら、先輩たちから職業教育をほどこされた。教育では、模範的な文章を写すことに重点がおかれ、また筆写では、内容ばかりではなく、書道、正綴法にも厳重な訓練がほどこされた。神聖文字を正しくつづることには、少年たちはさぞ苦労したことであろう（貝塚茂樹編『世界の歴史1』中央公論社、一九六〇年、四一〇〜一一頁）。

このように、学校は、何よりも文字の習得のために作られたのである。そして、その後実に様々な学校が作られたが、いずれも文字を教えることを通して、それぞれの文化で必要と見なされた知識を教えることを基本としたものだった。そのような歴史から、私たちの学校に対するイメージが作られている。それは、学校とは、年少の子供たちを一箇所に集め、教えることを仕事とする教師たちが、文字学習を基本に、社会的に有用な、あるいは宗教的に重要な知識を伝える場所だ、というものである。一言で言えば、学校とは教師が教え子供たちが学ぶ場所、さらに要約するならば、教える場所、ということだ。それが、現在私たちが学校について抱くイメージの核となっている。そして、そのような単一の視点で学校のすべてが捉えられると、何となく想定している。

しかし学校は、単一の視点で捉えられるようなものなのだろうか。というのは、学校についてはしばしばまったく逆のことが言われるからである。例えば、学校で学んだことは忘れて当然とされる一方で、明治の日本や現在の発展途上国において、近代的知識（特に3R's：reading, writing, arithmetic, 読書算）を国民全体に普及させるうえで近代学校の充実がいかに重要（だった）かが言われる。特に、受験勉強は評価の違いが極端で、そこで身につけたことは入試が終われば忘れて当然と見なされる一方で、勉強とは受験勉強のことである、どれだけ偏差値の高い学校に入学できるかが勉強の意味のすべてであるとでも言うように、精力的に取り組まれている。そして、それを支える巨大な受験産業がある。さらに、奇妙といえば奇妙だが、学校での勉強はまったく役に立っていないと批判する人が、学校教育は社会の変化に対応した役立つものでなければならない、と言うことがある。このようなことは、学校の外部の者が言うことが多いが、教育者の中にも、とりわけ実践家として名を成した人が、実際に行われている教育のすべてを否定したうえで、自分のようにすればすべてが解決する、と言うことがある。また、学校という場についても、子供の発達を保証し、真に人間的に成長させるのに不可欠の場所だ、とりわけ児童・生徒の集団の中で育つことが大切だと言われる一方で、自由を奪う管理教育が批判されたり、学校の子供集団は本質的にいじめを誘発する契機を内在させていると言われたりする（第1章第5節）。

しかも、そのような学校についての評価、診断は、それぞれの議論の前提なのである。現状について一旦何事かを断言してから、各人の、ではどうするかという持論が展開される。そして、後者が議論の主要部分になり、前者についてはそれほど深くは検討されない。つまり、学校についての評価、診断は議論の前提となっているために、それ自体は事実かどうか、あるいは事実だとしてもそれが学校全体の中でどのような位置を占めるかということはほとんど検討されないのだ。それほど、当の論者にとっては自明に見えているのであろう。もちろん、それらの多くは事実の一端を捉えてはいる。しかし、それで学校のすべてが説明できるかと言うと、そうではないのである。学校には、それ以外の面も多々ある。ところが、自分の断言を、それ以外の面も見渡して、相対化して論じることはほとんどない。自分が前提としていることとはまったく反対のことも言われていることに、気づいてさえいないかのように見えることもある。

どうして、こういうことになるのだろうか。同じ物事を見ても人によって別様に見えるというのは普遍的なことであるが、学校に関する言説の場合はあまりに極端である。もしかしたら学校は、単一の視点で捉えられるような存在ではなく、いくつもの層（システム）の重なりとして捉えるべきものであり、しかも、それぞれの層はかなり異質の性格のものなのではないだろうか。学校について発言する論者は多くの場合、その一つだけを見て全体と見なし、きわめて一面的な議論を展開しているのではないだろうか。

現在では誰でも学校に通った経験があるし、自分の子供が学校に通っていたりする。また、学校の建物は見えるし、教師も生徒も、見ようと思えばいくらでも見ることができる。私たちはそのように具体的な形として存在しているものを見て学校だと思っている。だから私たちは、他の人はともかく自分だけはありのままに学校を見ていると思いがちである。しかし、目で見ることができる具体的な学校は、学校という言葉で表現されているものの一面にすぎないのである。近代学校は、近代以前の、教えるという単一の機能を果たしていた学校にいくつもの層が付け加わることによってできたものであり、その中には目に見ることはできない抽象的なものもある。さらにそれらは様々な形で社会の他の部分とも繋がっており、そうした繋がりの全体像は誰にも捉えられないほど複雑である。この点についての無理解が、学校に関する議論を互いに嚙合わないものにしているのである。

そこで、本書では、近代学校はどのような層から構成されているのかということを考えてみたい。そして、そこからさらに、近代学校の全体像をできるだけ多面的に明らかにしてみたい。これは、たぶん今まで試みられたことがない。それゆえ、一つの試論にすぎないが、学校というものが自明なものではないということ、誰にもそのすべてが見えているわけではないということは、納得していただけるのではないかと思う。もちろん、不十分な個所はたくさんあるが、このような、学校とはいかなる存在かを問う作業が積み重ねられ、その全体像が次第に明らかになって初めて、学校に関する議論が、地に足がついたものになるとともに、異なる見解を持つ者どうしの対話が成立する可能性が開かれるであろう。

近代学校とはどのようなものかという以上の議論を、図式的に整理すると以下のようになる。まず、人間は文化を持つ。文化とは何かということ自体が様々な議論を必要とするのであるが、ここではそれは省略し、結論だけを述べる。文化とは、「個体が成長するだけでは獲得することが不可能で、同種の他個体との相互作用があって初めて獲得しうる行動パタンのすべて」、である。この定義は、竹内芳郎の、「人間は〈文化的〉なるがゆえに単に〈自然的〉な動物よりも高等な生物といった、思い上った人間中心主義から解放されていなければならない」(『文化の理論のために』岩波書店、一九八一年、七頁)という視点に触発されて、私が、竹内の定義をより中立的になるように修正したものである*。

*――なお、竹内は、ネオテニー、幼態成熟によって人間が退化したかのように見なし、「ネオテニーに深く根差した可塑性」ということを人間文化の第三の定義としているが、これはネオテニーについての誤解に基づくものである。ネオテニーは退化と言えることもあるが、常にそうだということはない。人間の場合も、ネオテニーによって退化したわけではない。

文化についてのこの定義の、「同種の他個体との相互作用」を、「教育」と言い換えることができる。まだ文化を身につけていない幼い個体は、すでに身につけている大人の個体と相互作用する中で、大人をモデルにして文化を身につけるのである。従って、文化とは教育によらなければ伝えられないものであり、教育とは文化を伝えることである、ということになる。循環的になるが、定義とはそういうものである。

従って、文化を持つ限り、何らかの形で教育は行われているのである。しかるに人間は、地上に出現したとき以来文化を持っていたはずである。というのは、霊長類がすでに文化を持っているのだから、人間は、人間になったときにはすでに文化を持っていたと思われる。以前は文化を持つのは人間だけだとされ、だから人間は特別に偉いなどと、バカなことが言われていたが、一九五〇年代半ばに宮崎県幸島《こうじま》で、京都大学の霊長類の研究者が、ニホンザルに文化が発生することを目撃した。継続的に観察されていたニホンザルの群れの中の一個体に、イモを海水に浸して食べるという新しい行動パタンが偶然発生し、それが群れ全体に広がっていったのである（年寄りには真似しようとしない者もいた）。このとき以来動物行動の研究者は、動物も文化を持ちうるという目で観察するようになった。そうすると次々に文化と言いうる行動パタンが観察され、動物が文化を持つことは、現在では常識になっている。また、鳥類は、サル類とは独立に、鳴き声のパタンや渡りの経路など、独自の文化を進化させた。

従って人間は、最初から文化を持ち、教育をしてきたのである。しかしそれは、見よう見まねを基本とした、非意図的な教育（社会化）であった。意図的な教育が必要になったのは、前述のように、文字が出現してからである。そして、文字の教育のために、学校が作られた。さらに時代は下って、近代学校が作られたが、それは、単に教えるだけではなく、それに様々な層が付け加わったものであり、それまでの学校とはまったく異質な面も備えるようになった。

つまり、学校は教育という営みの部分集合であり、近代学校は学校の部分集合である。従って、近代学校を、教育の本質は、あるいは（学校を教育だけしているものと見なして）学校の本質は云々という論理だけで語り尽くすことはできない。近代学校について語るためには、まず、それがどのような層から成り立っているかを明らかにしなければならないのである。

第1章

近代学校は四つの主要な層（システム）の重なりである

1　心理システムと社会システム

心理システム

近代学校とはいかなるものかを考えるためには、コミュニケーションとはいかなるものかということから考えなければならない。普通は、学校とは子供たちに何かを教えるところであり、教えるとは、教師の知識を子供たちに移転することだと考えられているが（移転モデル）、実は、そのようなことは不可能なのである。情報を他人の頭の中に、郵便物でも渡すように、直接捩じ込むことはできない。このことは経験的には明らかだと思われるが、自覚的に理解されていない。特に、教育について論じる場合は、忘れられていることがしばしばである。教師が言ったことを生徒がその通りに理解するのが理想の授業であり、現実にそうならないのは、主に生徒の方に問題があるからだと考えられていることが多い。しかし、一般的に、他人が言ったことをそのまま受け取るということはありえないのである。このことをきちんと考えるために、コミュニケーションでは何が起きているかということを考えてみたい。そして、そのためにまず、心理システムと社会システムとはいかなるものかということとその相互の関係について、考えなければならない。以下の論述では、そうしたことについて、現時点で最も深い考察をしていると思われる、ドイツの社会学者ルーマン（Niklas Luhmann, 1927–98）に、主に従う。

心理システムは人間の心とも言えるが、より厳密には、人間の意識である。意識という言葉は、様々なレベルで使われている。眠りから覚めたばかり、あるいは気絶した人の意識が戻ったという場合は、意識が作動している最低限のレベルである。このような場合は、自分が今精神活動をしているということは意識していない。といっても、日常生活のかなりの部分は、実はそれほど意識的なわけではないのである。だから、ふだん使い慣れている物は、どこに置いたか忘れてしまう、といったことが起きる。

ここで意識というのは、そうした無意識的な部分をかなり含む精神の活動のすべてではなく、自己の精神の活動を対象化しているという、最も狭い意味での意識である。「精神の様々な部分からの報告が映し出されるスクリーン」（G・ベイトソン、佐藤良明訳『精神の生態学』新思索社、二〇〇〇年、二一七頁）としての意識である。人間は、自分が今考えていることや感じていることをモニターできるのである。ここでは、そのような狭い意味での意識について考えてみたい。動物も、周囲の状況に気が付いているという意味での意識はあるが、自分が知覚したり感じたりしていることをモニターできない（ほぼ同じことを、解剖学者の三木成夫は「動物では心がいわば眠っている」と表現している。『内臓のはたらきと子どもの心』築地書館、一九八二年、一〇〇頁）。また、意味にかかわって何かをするということもない。そこで、動物の意識は、ここでの議論からは除外される。

人間だけが狭い意味での意識を持つのであるが、人間も、常にということではない。今述べたように、習慣となっている行動はほとんど無意識のうちになされているし、さらには判断さえしている。また、意識的に考え、行動している場合も、そのすべてではない。例えば、発話のとき意識するのは言いたい内容だけで、どの単語を使うかとか、舌はどのようになっているかなどということを意識し始めると、話せなくなってしまう。

だから、人間も、自分の精神活動のうち、意識できるのはそのごく一部なのである。起きている間はつねに意識があるような気がしているが、それは、意識していない状態を、その時点では意識することができないからである。自分の精神活動をモニターできるという意味での意識は人間だけが持つが、それは精神活動のごく一部についてである（そのことをベイトソンは前掲書で、「意識の量的限界」として論じている）。しかし、ほぼ無意識に行動している場合でも、予期していないことが起きると、直ちにそこに注意が向けられ、何が起きたのか確認しようとする。そして、そのようにしている自分が意識される。だから、人間は起きている限り意識がある、と言っても間違いではない。

意識の問題については論ずべきことは他にも多々あるが、ここでは、もう一つだけ、意識は意識によってのみ産出される、ということを確認しておきたい。起きている限り人間は、常に様々なことを知覚し（しばらく知覚しないか同じことだけを知覚するという感覚遮断の状態になると、意識は消えるか、幻覚が生じ、有らぬことを考え始める）、時々その内容について意識し、それについて感情を持ったり、考えたりしている。そして、次の瞬間には、現在の知覚、感情、考えを基盤に、改めて知覚し、感情を持ち、考えている。ここで確認したいのはこのことである。意識は常に新しく産出されているのであるが、自己のみを基盤にしているということ、言い換えれば、意識は自律的に作動する、ということである。知覚は、その対象はもちろん意識の外部にあるが、知覚そのものは意識の内部にあるので、知覚についても、意識に刺激を与えるのは意識だけである、と言える。

記述を簡単にするために、心理システムの内部で起きていることすべて、知覚、感情、考えることを、「思考」と呼ぶことにしよう。そうすると、心理システムの内部に存在するものはすべて思考であり、心理システムの外部に思考は存在しない。そして思考は、それまでの思考との関係でのみ、産出されている。そして、そのように産出関係のネットワークが心理システムを形成するのである。すなわち、心理システムは、思考を要素とし、思考が思考を産出するネットワークによって形成されるシステムである。また、思考は心理システムの中でのみ存在可能である。要素がシステムを形成し、システムが要素の存在を可能にする。両者は同時に成立するのである。このようなシステムでは、外部に要素は存在しえないので、閉鎖的である。また、要素は要素との関係、すなわち自己との関係のみで産出されるので、産出は自律的である。このような、閉鎖的かつ自律的に作動するシステムを、オートポイエーシスという（英 autopoiesis、独 Autopoiesis）。

オートポイエーシスは、チリの生物学者マトゥラーナ（一九二八～）と認知科学者ヴァレラ（一九四六～二〇〇一）によって提案された概念で、ギリシア語の autos（自らを）＋ poēsis（創造、産出）からの造語であり、「自己制作」ということである。生きているとはいかなることかを探求する過程で生み出されたもので、生命が自己組織化する過程を的確に表現している（後述）。しかし、社会システムがオートポイエーシスであるかどうかについては、両者は保留していた。その要素が何であるかよく分からなかったからである。しかし、ルーマンが、それはコミュニケーションであるとして、社会システムもオートポイエーシスとして作動することを明らかにした（佐藤勉監訳『社会システム理論』上・下、恒星社厚生閣、上・一九九三年、下・一九九五年、原著は一九八四年、心理システムについては第七章参照）。

オートポイエーシスには、基本的に、生命システムと心理システムと社会システムの三つがある。生命システムの内部には、免疫システムや神経システムなど下位のオートポイエーシスがあり、社会システムの内部には、経済システム、政治システム、教育システムなどの下位のオートポイエーシスがある。

三つの基本的オートポイエーシスのうち、最も分かりやすいのは心理システムであろう。というか、このオートポイエーシスという概念により初めて、心理システムの実際の作動パタンが明確になった、と思われる。前述のように、心理システムは、思考という要素の産出関係が形成するネットワークであり、閉鎖的かつ自律的に作動する。思考は心理システムの内部にのみ存在し、思考が直接心理システムの外部の存在に作用することはない。ここまでは、一応納得できると思う。ところが私たちは、何かについて考えているとき、集中すればするほど考えている内容と一体になるので、何となくそれと直接作用し合っているような気分になってしまう。少なくとも自分が今考えている対象から影響を受けていることは確かなので、自分も対象に何らかの作用を及ぼすことができるような気になってしまうのである。しかし、誰でも「頭では分かっている」ように、考えたからと言って、その対象に作用を及ぼすことはできない。考えていることを外部の者（他人）が理解できるためには、言葉で表現するなどの、特別の方法が必要である。また、考えている対象が物であれば、表現しても影響を与えることはできない。他人が考えていることも、直接は分からない。表情や言葉を手掛かりに、推測するだけである。こうしたことは誰でも経験し、知っていることだが、それにふさわしい重みを持って自覚されていない。この、知ってはいるが日常的には忘れられがちなことを論理的に厳密に定式化してできたのがオートポイエーシスという概念であり、この概念を土台に人間と社会について新しい見方を提唱するのが、ルーマンの社会学である。それゆえ、ルーマンの社会学は、一読しただけではわけの分からないことを言っているように思えるが、良く考えるとその通り、となることが多い。本書は、しかし、ルーマン社会学の紹介ではない。その有意義と思える部分を、私の言葉で表現したものである。その応用あるいは敷衍であると言える部分が多いが、一点（教育システムと選別システムの区別。本章第3節）だけその修正を提案する。また、ルーマン以外の研究にも、当然大きく依拠している。

ルーマンによればオートポイエーシスは閉鎖的かつ自律的に作動するのだが、マトゥラーナとヴァレラは、同じことをインプットもアウトプットもない、と表現する。そのため、オートポイエーシスは現実離れした概念だという印象を与えるが、前述のように、心理システムについては、経験的に納得できることであろう。インプットがあるとすれば、他人がインプットを可能にする何らかの操作を行うと、それまでの思考とは無関係な思考が突然浮かんでくるということだ。そんなことがあるとしたら、うかうかと外も歩けない。アウトプットがあるとすれば、思考が外に飛び出す、あるいは思考内容が他人に手に取るように分かるということであり、そんなことがあるとしたら、たいていの人は恥ずかしくて人前に出られないであろう。そのようなことはけっしてないと確信しているので、私たちは安心して外を歩き、人と接触することもできるのだ。つまり、心理システムは、互いに不透明なのであり、だからこそ、私たちは誰にも気がねすることなく精神活動を展開できるのである。そしてさらに、これから述べるように、だからこそ社会システムというものが成立するのである

しかし、不透明ということは、向かい合っている心理システムの思考内容が分からないということであり、それだけだと、相手とどのような関係を作るべきか、決断できない。そこで、理解ということが起きるのである。理解とは、様々な徴候からの類推による、理解したいと思っている心理システムの内部で起きていることについての、自己の心理システムの内部でのシミュレーションである。相手の思考（前述の定義により、心理システムの中で起きていることのすべて）を理解できたと思った時、私たちはありのままのそれを見ているような気がすることがあるが、すべては自分の心理システムの中で起きていることである。理解した（と思っている）内容は手持ちの要素を組み合わせたものである。そのためにそれは、相手の心理システムよりも、自分の心理システムの傾向を反映したものになりがちなのである。

相手を理解したと思っても、相手の心理システムを、目の前にある物を見ているように見ているわけではなく、自分の心理システムの中にある素材を自分で組み合わせたものを、それと見なしているのである。このことは、心理システムはオートポイエーシスであるということからの帰結であり、理解ということについて押さえておかなければならない、第一に重要な点である。

先に進む前に、一つ注を述べておきたい。オートポイエーシスという言葉に自発的とか自主的というような肯定的な意味があるとしている者がいるが、誤りである。例えば田中智志は、自己創出はルーマンの言葉であるとして、一つの「いのち」が、その外とかかわりつつ、みずから生き生きと自分を再構成しつつ生きることである、と述べている（『教育臨床学』高稜社書店、二〇一二年、一二頁）。また、橋本美保との共著では、自己創出とはルーマンのオートポイエーシスの流用であるとして、教育活動とは愛他の意思を持ちつつ子供の肯定的な自己創出を支え助けることである、としている（『プロジェクト活動』東京大学出版会、二〇一二年、一七三頁）。後者では、肯定的という形容がオートポイエーシスの定義に含まれるのか否かがはっきりしないが、含まれるとしたら、この概念の誤用である。心理システムはすべてオートポイエーシスとして作動するのであり、そのようにしか作動できない。自発的か否かということは、ある心理システムの作動について、他の心理システムが観察し、その主要な動因がその内部にあるか否かを解釈した結果であり、どのように解釈される場合も、解釈される心理システム自体は、あくまで閉鎖的、自律的に作動しているのである。つまり、普通の意味での自発的ということは、ある心理システムを別の心理システムが解釈した場合に言えることであって、当の心理システムが自己の要素（思考）のみを契機として閉鎖的、自律的に作動しているかどうかとは、別のレベルの話なのである。

生命システム

ここで、少し脱線して、生命システムがオートポイエーシスであるゆえんについて、述べておこう。インプットもアウトプットもないという説明は、生命システムに関しては明らかに間違っているように見えるからである。生命システムについてもこの説明が妥当するということが明確になれば、オートポイエーシスという概念の意義が一層確固としたものになるであろう。

マトゥラーナとヴァレラは生命の研究からオートポイエーシスという概念を提案したのだが、彼らによる説明（河本英夫訳『オートポイエーシス――生命システムとはなにか』国文社、一九九一年）は分かりにくい。それは彼らが、生命システムはオートポイエーシスであるということを証明しようとしているのではなく、そのことを前提とすれば何が言えるかについて考察しているからである。同書の「解題」での河本英夫の言葉では、彼らは視点の変更を促しているにも拘らず、「視点の変更を、論証を積み上げながら少しずつ明確にし、オートポイエーシス論の成立をプロセスとして示すように、議論は組み立てられてはいない。むしろこの視点の変更を自明の、もしくはあらかじめの前提とし、そこから生命システムがどのように把握されるかを、一貫して体系的に考察し」ているのである（同書、二四八頁）。生命システムはオートポイエーシスであるという視点の変更は議論の前提になっていて、なぜそう言えるかということについては、直接論じてはいないのだ。またルーマンも生命システムがオートポイエーシスであることを前提にして議論を展開しているが、そう言える根拠については詳細には述べていない。そこで、ここで、生命システムがオートポイエーシスであると言える根拠について、私自身の見解を述べておきたい。

オートポイエーシスとは、要素が要素を産出するネットワークとして形成される、閉鎖的で、自律的に作動するシステムである。そして、要素はシステムの外部には存在できない。要素とシステムは同時に形成されるのである。以下ではしばらく、生命システムがこの定義に当てはまるか、と言うことを考えてみたい。しかし、生命システムというと、単細胞生物と多細胞生物があり、多細胞生物には神経システムや免疫システムなどいくつもの下位システムがある。それらはすべてオートポイエーシスであるが、それぞれの要素が異なるので、それらすべてに共通な一般的議論をしようとすると、相当に複雑になる。そこで、ここでは、生命システムの代わりに、細胞について考えてみたい。生命の基本単位は細胞であり、細胞より小さい生命は存在せず、細胞より大きい生命は細胞が集まってできたもの（多細胞生物）である（伊藤明夫『はじめて出会う 細胞の分子生物学』岩波書店、二〇〇六年、第一章）。従って、生命ではなく細胞について考えても、論点をずらしたことにはならないと思う。

最初に結論を述べると、細胞はタンパク質の合成過程を要素とする、要素が要素を産出するネットワークであり、閉鎖的、自律的に作動するシステムである。そして、タンパク質の合成過程は生きている細胞の内部にのみ存在し、また、タンパク質の合成過程が適切に進行することが細胞が生きているということである。ゆえに要素とシステムは同時に存在する。従って、細胞はオートポイエーシスである。

多細胞生物の個々の細胞も含め、細胞はすべて、生命活動に必要な遺伝子を一揃い持っている（赤血球など、小数の例外はある）。遺伝子にはタンパク質合成の情報が収められている。人間では二万と少しあるが、一つの細胞では、そのうち平均して半分ぐらいが活性化している。また、活性化しているものはその程度が調整されている。そのようにして、必要なタンパク質が必要なだけ合成されれば、それらは細胞の構造になったり、酵素として働いたりして、全体として細胞は生命活動を営むことができるのである。従って、細胞活動の基本は、タンパク質の合成である（例えば、大学ないし大学院レベルの教科書、ベッカー／クレインスミス／ハーディン、村松正實／木南凌監訳『細胞の世界』西村書店、二〇〇五年、などの記述は、ほとんどがどのような場合にどのようなタンパク質が合成されるかということである）。適切なタンパク質が適切な量だけ合成されれば、生命活動が営まれる。そして、そのことによって状況が変化する。そうすると次には、出現した新しい状況が個々の遺伝子をオンにしたりオフにしたりする。このように、細胞の生命活動の要素を個々の遺伝子によるタンパク質の合成過程と見なすと、細胞は要素が要素を産出するネットワークとなる。そして、遺伝子はすべて手持ちのものであり、インプットはない。

また、個々の合成過程は、全体として次の様々な合成過程のきっかけとなるだけだから、アウトプットもない。ゆえに、タンパク質の合成過程は閉鎖的である。さらに、タンパク質の合成過程という要素の作動は、その時の細胞の状態が決定しているのだが、細胞の状態とはそれまでの要素の作動の結果であるから、要素は要素を契機に作動を決定していると言える。すなわち、その作動は自律的である。このように細胞の生命活動の要素をタンパク質の合成過程と考えると、細胞はオートポイエーシスの定義に当てはまる。もちろん、物質の出入りはあるが、それは要素が作動した結果であり、要素ではない。生命活動の要素は物質ではなく、プロセスなのである。

生命の本質は物質ではなくプロセスであるということは、細胞よりマクロな生命活動についても言える。福岡伸一によれば、「生命とは動的な平衡状態にあるシステムである」（『動的平衡』木楽舎、二〇〇九年、二三二頁）。その説明を引用してみよう。

生体を構成している分子は、すべて高速で分解され、食物として摂取した分子と置き換えられている。身体のあらゆる組織や細胞の中身はこうして常につくりかえられ、更新され続けている……そこにあるのは、流れそのものでしかない。その流れのなかで、私たちの身体は変わりつつ、かろうじて一定の状態を保っている。その流れ自体が「生きている」ということなのである。シェーンハイマーは、この生命の特異なありように「動的な平衡」というすてきな名前を付けた……生命というシステムは、その物質的基盤、つまり構成分子そのものに依存しているのではなく、その流れがもたらす「効果」である。生命現象とは構造ではなく「効果」なのである（『動的平衡』二三一～二三二頁）。

生命は、形はほとんど同じでも、それを構成する物質は次々に入れ替わっている。そのことを明らかにした動的平衡という概念によって、生命を構成する物質とそれ以外の物質との、本質的違いが初めて明らかになったのである。

さらに細胞（ここから次の次のパラグラフまでは、細胞を生物と置き換えても問題がない）は、オートポイエティックに作動するからこそ、複雑な環境の中で主体的に生きていけるのである。細胞が生きている環境は非常に複雑であり、無数の差異によって構成されている。しかし、細胞の限られた能力では、そのすべてに対応することはできない。そこで細胞は、細胞にとって意味ある差異、すなわち情報だけを受け止める。情報は、生物にとってだけ存在するのである。西垣通は、情報とは、「それによって生物がパターンを作り出すパターン」である（『基礎情報学』ＮＴＴ出版、二〇〇四年、二七頁）として、生物と環境の複雑さとの関係を次のようにまとめている。

あらゆる生物にとって、環境との関係はあまりに複雑であり、環境世界を単純化して生存に役立てるための戦略が不可欠となる。具体的には、生存のために多くの可能性の中から選択が行われる。これが意味の「解釈」や「伝達」にほかならない（『基礎情報学』一二一頁）。

ただし西垣は、ルーマンのコミュニケーションの理解が「移転モデル」であるかのように理解し（同書、一三四頁など）、批判している。この点は誤解しているが（長岡克行の反論『ルーマン／社会の理論の革命』勁草書房、二〇〇六年、三一三～四頁の注、参照）、環境の複雑さと生命に情報が必要なこととの関係は引用の通りである。生物は、環境の差異の複雑さを情報に縮減し、その後はそれに対し、内部調整を基本に対応しているのである。情報とは、細胞が自己との関係で受け止める環境における差異であり、細胞なしには存在しない。そして、細胞が受け止めた情報は、環境の複雑さに比べればごくわずかなものにすぎないが、細胞はそれだけで環境のすべてが分かったことにして、内部調整を基本に対応し、結果的に環境への適応も果たしているのである（人間もまったく同じだということがオートポイエーシス論の帰結であり、本書のテーマである）。細胞が選択した差異が的確なものであるかどうかは偶然である。しかし、現存の細胞が環境に適応しているということは、的確であるということである。つまり、進化が、その的確性を保証している（的確だったものだけが生き残っている）のである。

自ら選択したごく少数の情報にしか対応できないということは細胞にとって制約である。しかし、そのことによって細胞は、環境に対して自律的（主体的といっても良い）に生きているのである。細胞は、環境にある、それ自体は細胞とは無関係に存在する差異に偶々刺激されて受動的に反応しているのではなく、主体的に選択した情報に対し能動的に対応しているのである。これはユキュスキュル（Jakob Johann von Uexküll, 1864-1944. エストニアに生まれ、ドイツで活躍した動物学者、比較心理学者）が、「環世界」（生物が、周囲に存在するものごとから主体的に選び取った部分）という概念を用いて明らかにしたことである（日高敏隆／羽田節子訳『生物から見た世界』岩波文庫、二〇〇五年）。マトゥラーナとヴァレラはユクスキュルには言及していないようだが、両者は本質的に同じことを述べている。すなわち、ユクスキュルが初めて生きているとはどういうことかを具体的に明らかにし、マトゥラーナとヴァレラはそれを抽象的、一般的に述べたのである。従って、オートポイエーシスという概念は生物には適用し難いどころか、これによって初めて、生物が生きている姿の本質的特徴が明らかになったのである。

社会システム

本題に戻る。どの心理システムも他の心理システムにとって、不透明である。普通の言い方をすれば、他人は何を考えているか分からない、ということである。そして、だからこそ、コミュニケーションが必要になるのである。と言っても、コミュニケーションは、普通考えられているように、情報を発信者から受信者に移転すること（移転モデル）ではない。そういうことが可能であれば、相手の心理システムの少なくとも一定の部分は透明になるはずである。しかし、コミュニケーションが成功しても、相手の心理システムが不透明だということには変わりがない。だからこそ、コミュニケーションは、心理システムには還元できない論理で進行するのである。そして、コミュニケーションは、コミュニケーション自体を契機として産出され、心理システムとは別のシステム、社会システムを形成するのである。

では、社会システムとはいかなるものかということになるが、その前にまず、コミュニケーションとは何か、ということから考えてみよう。人と人が出会うと、無視も含めて、どのような対応をすべきかを決定しなければならない。その時、相手の行為のうち、自分に何かを伝えようとしている部分を見分けることができれば、対応の選択肢は大幅に縮減される。何がその場の状況に見合った対応であるかの判断が容易になる。コミュニケーションは、相手の特定の行為をそのようなものと判断し、つまり、情報と伝達を区別し、その情報内容を理解しようとすることから始まる。このような、情報、伝達、理解の統一体が、コミュニケーションという出来事の一単位である。

次に、理解した内容に対応した情報を相手に伝えようとする。うまく行けば、つまり、送り返した内容が相手が伝えようとした内容に対応したものであると相手が判断すれば（内容が対応しているかどうかが問題で、対応してさえいれば、相手が伝えた内容に不同意の場合も、コミュニケーションとしては成立する）、相手からはさらにそれに対応した内容が伝えられてくる。コミュニケーションとは、こうした行為が次々に接続していくことである。そして、その全体が、新しいシステム、社会システムを形成する。社会システムとは、コミュニケーションを要素とする、そのネットワークである。社会の要素は、普通に考えられているように、人間ではない。人間は、一人でいることもあるし、生物でもある。つまり、社会からはみ出る部分が多々あるが、コミュニケーションは純粋に社会的存在である。このコミュニケーションが社会の要素であるとして、社会学全体を再構成したのが、前掲の、N・ルーマン『社会システム理論』である。社会の要素がコミュニケーションであるということは、最初は納得がいかないかもしれないが、折にふれて考えていると、なるほどと思うことがよくある。例えば、人間にとって一番気になるのは他人の存在だが、結局他人の何が気になっているだろうと考えていくと、いかなるコミュニケーションが成立するかということである、などといったことに気付くことが時々ある。

社会システムが新しいシステムだというのは、心理システムの作動に還元できないからである。例えば、対面的な状況にある相互作用システムにおいては、言われたことはしばらくは記憶していなければならないし、同じことは繰り返してはならない（繰り返す場合には、「誰さんが言ったように」などの断りを入れる。これは最初に言った人に敬意を表しているというよりは、自分がコミュニケーションの流れを十分に把握している、と主張しているのである）。また、長い沈黙は許されない（話題がない場合は無理にも作り出さなければならない）、といったことがある。さらに、何かを伝えようとする場合、相手の表情などの微妙な反応を見ながら、相手の理解の程度を判断し、言い換え等の様々な修正をしている。これはほとんど無意識のうちに行われているが、単独でいる心理システムにはありえないことである。それに何といっても、相手がいることだから、参加しているどれか一つの心理システムの意図通りに進行することは、ほとんどありえない。

まとめると、コミュニケーションは情報を移転することではなく、情報、伝達、理解の統一体である。簡単にするために、二つの心理システムだけが関与しているとする。両者が何らかの関わりを持たなければならない状況に置かれて、一方の心理システムが、他方の心理システムが何らかの情報を自分に伝えようとしていると判断したとする。そうすると、情報を伝えられたと判断した方は、その内容を理解し、次いで、相手に、理解した内容に対応する情報を伝えようとする。するとまた相手が……と続く。ただし、どちらの心理システムも、相手の心理システムの中で起きていることを、必要な範囲では理解したと思っているのだが、前述のようにそれは、自分の心理システムの中で構成されたものであるから、当然誤解も含む。誤解も含めて、コミュニケーションは、一方が止めたいと思うまで続く。このような、コミュニケーションを構成要素とするネットワークが社会システムである。そこには必ず複数の心理システムが関与しているが、社会システムの作動のパタンは、どの心理システムの作動にも還元できない。

次に、社会システムの作動の様子を見てみよう。人間は、コミュニケーション的行為とそれ以外の行為（例えば、無意識の動作、あるいは自分のバッグの中で何かを探す等の、自分のための動作）の差異に敏感であり、両者を区別し、コミュニケーションはすべて受け止め、必要と判断すれば何らかのコミュニケーションによる対応をする。人に話しかけられたとき、無視するのは難しい。そして、無視したとしても、その人間は、話しかけられる前の状態とは同じではなくなっている。また、今では慣れてしまったが、ケータイが普及し始めた頃、後ろで誰かがケータイで話始めるとびっくりしたのは、自分が話しかけられたと思ったからである。（ニクラス・ルーマン、徳安彰訳『社会の科学1』法政大学出版局、二〇〇九年、三七頁）のである。「言語はとても目立つ知覚対象を提供する」のである。こうして、コミュニケーションはすべて社会システムに受け止められる。というか、コミュニケーションの成立と同時にそのネットワークとして社会システムも形成されるのだから、コミュニケーションはすべて社会システムの内部にある。

すなわち、社会システムは閉鎖的である。そしてまた、コミュニケーションのみがコミュニケーションのきっかけとなるので、コミュニケーションは自律的でもある。もちろん、自分からコミュニケーションを開始することもあるが、それはその場の状況がコミュニケーションを必要としていると判断したからである。コミュニケーション的状況がコミュニケーションのきっかけとなっているのである。このように、コミュニケーションは閉鎖的かつ自律的に作動する。それゆえ、社会システムは、コミュニケーションを要素とするオートポイエーシスである。

しかし、何度も言うようだが、コミュニケーションが成立しても、心理システムどうしはお互いに不透明だということには何の変化もない。そこで、前述のように理解ということが生じるのだが、実際のコミュニケーションの場では、その理解が正しいかどうか検討している時間はほとんどない。というより、理解したと思った瞬間に、それに対応するコミュニケーションを送り返さなければならない場合も、しばしばある。理解すべきことが単純なものであれば、それでも構わないかもしれないが、私たちはコミュニケーションの際、相当に複雑な理解と判断をしている。相手が伝えようとしている内容とともに、相手がどのような意図でそれを伝えようとしているのかも、瞬時に理解し、すぐさま理解した内容に対応した最も適切な行動は何かを判断しなければならない場合が多い。

つまり、実際のコミュニケーションにおいては、相手について様々なことを理解しているが、それが正しいかどうか吟味する時間はほとんどないのである。それゆえ、現実的には、理解したことは、理解したと思った瞬間に確信になってしまう、あるいは確信しているように行動しなければならない。そうしているのは、コミュニケーションの必要上そうせざるをえないからであって（コミュニケーションでは、テンポも重要なメッセージとなる。また、多人数の会話では、ぐずぐずしていると発言できなくなる）、瞬時に正しく理解する能力を持っているからでは、まったくない。このことは、心理システムがオートポイエーシスであるということから出てくる、重要な結論の一つである。人間は、他人について理解する能力に自信を持たざるをえないという状況に迫られて、それに過剰な自信を持っているのである。

当然、実際のコミュニケーションにおいては、不正確な理解も誤解も含まれているであろう。しかし、ルーマンが言うように、「理解と誤解を含む理解は、自身を、常に理解と理解する（誤解とは理解しない）、というのは、誤解ならば観察を続けられなくて、中止しなければならないからである」（Niklas Luhmann, 'Systeme verstehen Systeme', in : Niklas Luhmann und Karl Eberhard Schorr（Hrzg.）, *Zwischen Intrasparenz und Verstehen*, Frankfurt am Main（Suhrkamp）, 1986. pp.85-6. 書名は『不透明と理解の関係』）。簡潔さを期しているために分かりにくいが、要するに、自分は相手を正しく理解していると思っていないとコミュニケーションが続けられないということである。こうして、誤解している場合も理解していると思い、理解していると思っている内容に基づいて、それぞれの参加者（の心理システム）は、コミュニケーションを続けている。しかし、コミュニケーションの途中で不正確な理解や誤解に気付くこともある。小さなことであれば（自分の心理システム内の処理ですむことであれば）すぐ修正するが、大きなことであれば、改めてそのことについて問いを発する等をして確かめなければならないこともある。そして、場合によっては、自分の理解を修正する（ただし、正しい理解に近づくという保証はない）。こういったこともまた、コミュニケーションが、特定の心理システムが意図した通りには進行しない理由であり、社会システムが、心理システムに還元できない、独自のシステムである理由である。

生徒を理解することが教育実践の要だ、と考えている教師がいる。生徒を理解しようと努力することは大切なことだが、理解とはきわめて不確実なものだということも忘れないようにしたい。少し前に述べたように、理解したと思っている内容は、自分の心理システムの手持ちの材料を組み合わせたものである。だから、自分の思い込みの部分がどうしても混じってしまうのだ。また、今述べたように、理解したと思った瞬間にそれは、吟味されないまま確信になってしまうことが多いのである。従って、一方で、できる限り正確、多面的に理解しようと努めるとともに、他方で、理解したと思っている内容は自分が構成したものだということと、私たち人間は自分が理解したと思ったことに自信過剰になっているということを、忘れないことが必要であろう。

ここで少し脱線して、一言付言すると、音楽などでは、相当微妙なことまで理解できるし、確信を持っても差し支えないこともある。例えば、ただ楽譜通りに演奏しているか音楽を表現しているかはまったく違う。それは誰が聞いても同じであろう（その点では修正する必要が生じないであろう、ということ）。だから、人間の理解力もかなりのものだとも言える。なぜそんなことが可能なのかは、よく分からないが、たぶん体が関与していることが重要なのであろう。これは、理解とは何かを考える上で避けては通れない問題であり、改めてきちんと考えてみなければならない。

心理システムと社会システムの影響関係

しかし、心理システムが互いに不透明だというだけでは、現実に進行しているコミュニケーションの速やかさを説明できない。それが可能であるのは、仮のものではあるが、「相手とコミュニケーションするのに十分な透明性が生み出されて」いるからである（ルーマン前掲書、『社会システム理論』上、一七頁)。他の心理システムと出会うとき、まったく白紙ということは、普通はない。相手がどのように行動するかについて何らかの予期あるいは期待がある(白紙状態であっても、何かが動けばそれらは生じる)。それらとともに観察すると、その通りであることもそうでないこともある。その度にそれらに確信を持ったり修正したりする。そういう経験を繰り返していると、その心理システムについて、こういう時にはこのように行動すると期待できるようになる。そのような期待の全体が、その観察者から見た相手の心理システムの作動パタン、あるいは相手の性格である。それをルーマンは「パースン」という(Person、「人格」という訳もある)。正確に表現すると、「ある心理システムに見出される行動と期待の結びつきを通して、期待の確実性(相手を知ることによってもたらされる確かさ)が増していることを現」(同前)す。パースンはあくまで観察者が、心理システムという「観察不能なものに一定の意味を付与」(同)したものであり、当の心理システムが想定されたパースンの通りであるという保証はないが、このようなものを想定することにより、コミュニケーションはスムーズになるのである。

そのことに関連することであるが、ルーマンは、社会システムの中で、対面的状況で成立する「相互作用システム」とそれ以外の社会システムを分けている。パースンはコミュニケーションの中で、コミュニケーションのために想定されるものであるが、当然、不正確さや誤解を含む。しかしそれらは、相互作用システムにおいては、微妙な表情の変化や声の調子などによって、修正される可能性がある。しかし、それ以外の社会システムにおいては、一旦想定されたパースンはほとんど修正が利かない。それどころか、ますますステレオタイプになることもある。インターネットで、いったん悪い噂が立ってしまうとほとんど修正できず、ときには炎上することがあるのも、対面的状況にいないことが大きな理由である。相互作用システムでのコミュニケーションとそれ以外の社会システムでのコミュニケーションには、修正可能性という点で、本質的な違いがある。それゆえ、両者は区別する必要がある。

ここで、改めて、心理システムと社会システムが、どのように影響し合っているかを考えてみよう。社会システムが心理システムが参加していない限り成立しないのは当然だが、心理システムも社会システム(コミュニケーション)に参加することによって、自己の精神活動をモニターできるという、人間特有の性質が強化されるのである。人間にとって、周囲の人間が何をしているか、あるいはその心理システムが何を考えているかということほど気になることはない。霊長類の段階で、すでにそうである。例えば、集団をつくる種のリーダーは、集団の外部のことではなく、集団内部の個体間関係の調整に、何よりも気を遣っている(心理学者のニコラス・ハンフリーは、研究室で示すゴリラの高い知能と野生生活の余りの安楽さのギャップを不思議に思っていた。そしてあるとき、ゴリラにとって主要な問題、彼らが解決に頭を悩ましている問題は「社会的な問題であることに気がついた」垂水雄二訳『内なる目』紀伊國屋書店、一九九三年、第二章)。

そのような、同種の個体の様子を気にするということは、人間でさらに強化された(動物は、気にしているだけで、気にしていることを意識してはいない)。それは、人間の場合だけ、コミュニケーションが成立するからである。動物の場合、何かを伝え合っていることは多くの種で認められるが、伝えようという意図はない。例えば、天敵のサインをキャッチした一個体の行動が群れの他のすべての個体の逃避行動を誘発することがあるが、最初の個体は逃げろと伝えたわけではなく、恐怖心に駆られたとき特有の行動をするか、あるいはただ逃げたのである。動物の場合は、情報だけがあって、伝達の意図はない。しかるに人間は、伝達の意図を持って情報を表出する。それができるためには、自分は今情報を伝えようとしているということを意識化できなければならない。だから、自分の精神活動を意識化（モニター）できる、人間にだけコミュニケーションが可能なのである。そして、このときほど意識化が高まるときはない。というか、何かの情報を伝えようとするから、そうしている精神状態を対象化（＝意識化）するのである（もちろん、そうできるまでに脳が複雑になっていたから可能になったのである）。従って、コミュニケーションと意識（化された心理システム）は同時に成立する。

しかし、両者の関係が調和的であるということではない。ましてや一体となることはない。社会システムと心理システムは別のシステムであり、お互いに相手にとっては環境であるという基本的な関係には何の変化もない。とは言っても、社会システムと心理システムが影響し合うことは、経験的に明らかである。しかし、常識的に考えられているように、直接的に影響し合うわけではないのである。この点が、ルーマンのシステム論の理解の、重要なポイントの一つである。そこで、この二つのこと、つまり、両者が影響を与え合っているという日常的経験と直接影響を与えるわけではないというシステム論の命題を、どう調和的に理解するかということが問題になる。

まず、基本認識として、システムが他のシステムに直接影響を与えることはない、ということを確認しよう。一般に、システムが成立すると、同時にそれに対応する環境が成立する。そして、システムは環境に対して閉鎖しているので、環境に直接作用することはない。これがシステムと環境の関係の基本であり、環境内に存在する他のシステムとの関係でも同様である。社会システムには社会システムの環境があり、心理システムには心理システムの環境がある。そして、双方ともに、他方の環境に含まれているのである。従って、直接に他方に影響を与えることはできない。例えば、参加している特定の心理システムを特定の方向に変えることを目的としたコミュニケーションがなされた（例えば、説得）としても、それをどう受け止めるかは、その心理システム次第である。コミュニケートされたことは心理システムにとっては数ある刺激の中の一つにすぎず、自らのオートポイエーシスの論理に従って処理する。そこにコミュニケーションは介入できない。もし強引に介入するならば、心理システムは自らのオートポイエーシスを、従って心理システムとしての統一性を破壊される。逆に、コミュニケーションに参加している個々の心理システムが、意図通りにコミュニケーションをコントロールできないということは、すでに何カ所かで述べた。

それでは、どのようにして影響を与えるのだろうか。実は、今のパラグラフに、答えは半分書いてある。「どう受け止めるかは、その心理システム次第」、というのがそれである。つまり、システムが他のシステムに影響を与えることはないが、他のシステムが影響を与えられることはあるのである。同じことのようだが、そうではない。影響の与えられ方が違う。影響が与えられるかどうかを、また、どのような影響が与えられるかを、影響を与えるシステムが決定するか、与えられるシステムが決定するかの違いである。コミュニケーションに参加している心理システムは、進行しているコミュニケーションを観察している。そして、それをきっかけにして、自己の内部に新しい思考が産出されることがある。しかし、それは、コミュニケーションのテーマと関連しているとは限らない。まったく無関係なことを考え始めることもある。つまり心理システムは、あくまでオートポイエーシスであり、自己の論理に従って、自律的にコミュニケーションから影響を受けるのである。こういったことは、誰でも経験的に知っていることであろうが、授業のように、どちらかといえば生真面目なコミュニケーションがなされている状況では、とかく忘れがちである。例えば、教師が「命は大切にしなければならない」と言えば、生徒がそう考えるわけではない。「その根拠を言えよ」とか、「お前に言われたくないよ」などと思っているかもしれない。人生に深く関わる問題ほど、言葉で納得させるのは難しくなる。このような、知ってはいるがとかく忘れがちなことを、オートポイエーシスの概念は自覚させてくれる。

コミュニケーションも同様に、自律的に影響を受ける。コミュニケーションに参加している心理システムは時折あるいは頻繁にコミュニケーションに介入しようとするが、その意図通りになるとは限らない。どうなるかは、コミュニケーションの流れが決定する。二人だけの対話であっても、どちらの心理システムにとっても思い通りには進行しない。どちらも、それゆえ、何ほどか不満を抱きながら対話を続けることになる。しかし、ときには、対話に誘発されて、それまで考えたことがないことを考え始めることがある。そういうことがあるから、人間は対話を求めるのであろう。

このように、社会システムと心理システムは別々に作動しているのであるが、互いに影響を与えている。システムとシステムの互いに影響を与え合うような関係を構造的カップリングと言う。しかし、正確には、受身で表現しなければならない。構造的カップリングとは、それぞれのシステムが自己のオートポイエーシスを貫徹しながら影響され合うことである。影響され合うことを相互浸透と言う。そして、相互浸透を続けていると、両システムともに特定の方向に変化していくことがある。そのことを構造的ドリフトと言う。しかし、普通は、構造的ドリフトがあるか否かは副次的であり、そのこと自体が目的とされることはない。コミュニケーションに参加し続けた結果として、偶々そうなるだけである。

しかし、社会システムの中には、参加する心理システムの一方に構造的ドリフトが生じることを目的としたものがあるのである。それは教育システムである。すなわち、教育システムとは、非対称的な心理システム（教える者と教えられる者の心理システム）が参加し、一方（教えられる者の心理システム）に、構造的ドリフトが生じることを目的とした社会システムである。つまり、教育システムとは、コミュニケーションそれ自体ではなく、普通のコミュニケーションでは副次効果でしかないことを目的とした社会システムである。

教える教えられるということは、人類の誕生以来のことであるが、学校以前の教育は、前述のように、見よう見まねという形のものだった。それはつまり、教育されるか否か、あるいは何を教育されるかは、学ぶ方のオートポイエーシスに任されていた、ということである。その意味で自然な教育であった。また、学んだ者がそのことを学ばせてくれた者にコミュニケートするとは限らないから、両者の関係はまだシステムとしては成立していない。しかし、学校ができ、教育がシステムとなると、学びの成果を挙げることが目的となるので、学ぶ者のオートポイエーシスと矛盾することが起こりがちである。その意味で、教育システムは不自然なものなのである（後述）。

しかし、教育システムは近代社会が存続するうえで不可欠なものでもある。この両面を意識しつつ、教育システムの作動パタンについて考えてみよう。

2　教育システムの集積としての近代学校

〈子供〉——教育システムのメディア

参加する心理システムの一方（生徒）に構造的ドリフトが起きること（つまり、生徒が変容すること）を目的とした社会システムが教育システムである。近代学校とは、その教育システムを一箇所に集積したものである。この場合教育システムとは主に授業のことである。授業においては後述のように独特のコミュニケーションが展開されるが、その総体が教育システムを形成する。

近代以前の学校は単に、教育システムである。近代学校ももちろん教育システムであるが、前者には教室に当たるものが一つしかない場合が多い。教育システムが複数集積しているものが基本だということは、近代学校の特徴の一つである。しかし、それはあまり本質的な差異ではない。教育システムであるという点では両者は共通であり、両者の差異についての考察は、第3節以降の課題である。

ところで、社会システムを大きく分けると、前述のように、対面的状況で成立する相互作用システムと、それ以外の社会システムがある。そして、文字が特にそうだが、相互作用システムでしか習得できない文化はたくさんある。それゆえ、教育システムは基本的に相互作用システムである。当たり前のことのようであるが、次節で扱う選別システムではそうではないので、確認しておきたい。

教育システム（学校）は、最初はごく一部の人のために、必要に応じて作られた。ところが、近代になり、すべての社会成員に一定水準以上の近代文化を習得させることが必要になると、それにふさわしい形が求められた。一人の教師が数十人の子供に一斉に教える、学級と言われる形態を単位とし、それを一箇所に集積した近代学校が、世界中どこにも作られたのである。学級は今日では、画一的であるとか生徒数が多すぎるとかを理由に、非効率性が指摘されることが多いが、すべての成員に一定水準（特に3R's）の内容を教えるという点では、それなりの効果はあるのである（その水準までは、教育技術や設備が相当に劣悪であっても、例えばモニトリアル・システム*のようなものであっても、ある程度の効果はある）。そこで、世界中どこでも、近代化を推進しようとすると、近代学校を普及しなければならないことになる。そして、近代学校が普及するにつれ、全体社会でのコミュニケーションの質が、学校で与えられた知識（とりわけ、文字が読めること）を身につけていることを前提としたものに変わっていくので、学校に行けなかった者は、社会的に非常に不利な立場に追いやられることになる。

*——助教制とも言われる。同じような能力の子供をグループに分け、生徒から選ばれた助教に教えさせ、教師は助教に教える。一人の教師が一〇〇〇人に教えることもあった。安あがりだが、複雑なことは教えられない。近代学校の前史の一つ。

このように、教育システムは近代社会において他のものでは代えられない役割を果たしており、経済、政治、法律、科学等と並ぶ、近代社会に不可欠な機能システムの一つである。その要素はコミュニケーションであるが、それぞれの機能システムにはそこでのコミュニケーションを容易にする、メディアと言われるものがあり、それがその機能システムの独自性を保証している。教育システムのメディアは〈子供〉である。〈子供〉は、現実の子供そのものではなく、教育を必要とするという側面から捉えられた子供である。それは、文化を身につけ成長することを願っている存在としての子供、教育実践がすぐれたものである場合は教師の意図をも乗り越えてしまうような存在としての子供、である。そのような〈子供〉という観念が、教育システムに参加する者に共有されることによって、教育的コミュニケーションはスムーズなものになるのである。

よく遊びよく学ぶ、明るい元気な子とか、未来、創造、夢と希望といった言葉を連ねた学校の教育目標の核になっているのは〈子供〉である。若干白々しいが、そのような〈子供〉を想定しないと、教育実践は成り立たないのである。教育言説の歴史を分析した広田照幸は次のように述べている。

大人とは区別された存在としての「子供」が発見され、同時に組織的な方法への関心が生じてきた時、従来の〈教化〉では言い表せない観念として、「教育」が登場してきたのである（『教育言説の歴史社会学』名古屋大学出版会、二〇〇一年、三〇頁）。

教育されるべきものとしての〈子供〉が発見されることと、教育の必要性が確認されることとは、対になっているのである。〈子供〉についての表現には実に様々なものがあるが、それらのうち、最も端的な表現は、教育学者堀尾輝久の言う「発達可能態として子供を見る」、であろう。堀尾はこれを子供の本質の表現であり、そう見ることによって子供は本当に大切にされるのだ、と主張する。そう言われると、このように考えていない教育関係者もいるのだろうという気になるが、そんなことはない。教育関係者は誰もがこのように考えている。そうでないと、そもそも教育が成り立たないのだ。ただ、堀尾のようにスマートな表現ができないだけである。

堀尾の表現がスマートなのは、第一に、子供の未来に焦点を合わせているからである。普通は、同じことを、子供の現在に焦点を合わせ、未熟、つまりあれこれの能力が不十分だから教育しなければならない、という観点から〈子供〉が捉えられている。危険な手術をする場合、成功率が何パーセントと言われた方が、失敗率が何パーセントと言われるよりも安心するという話があるが、同様の印象の違いがある。今できないことではなく、これからできるようになることに焦点を合わせているので、いくらでも伸びるという印象が与えられる。それを、未来は必ず現在よりもすばらしいという、今日ではあまり通用しなくなった、近代的世界観がバックアップしている。

ついでながら、少し脱線して、未熟ということについて考えてみたい。未熟という言葉は比較的気軽に使われるが、私はそれは、特定の能力についてのみ言えることであって、総体としての人間について言えることではない、と思う。何歳であっても、魅力的な人はたいてい、その年齢らしく見える。未熟なことはたくさんあるだろうが、そのことも含めて（あるいは、場合によってはそれがあるからこそ）、その人間の総体が魅力的なのだ。だから、人と付き合うとき、相手が特定の能力が自分より未熟であっても、人間としては対等だという感覚が大切だと思う。その点教師は、自分の一番得意な面で子供と関わるので、とかく子供をあらゆる面で未熟と見てしまいがちだ。そのことでコミュニケーションが豊かに展開できなくなっている場合もあると思う。また、あらゆる面で成熟した人もいない。魅力的な人は、何歳になっても子供らしさを失わない。子供らしさは、自分の未熟な部分を肯定することから生まれてくるのではないだろうか。

まだ歩けない赤ちゃんは、一人前の人間のように堂々とした表情をしている。幼児の表情に、ときに頼りなさが目立つようになるのは、歩きはじめてからである。立ちあがってみて初めて、大人との、できることの違いを思い知らされるからである。それ以前は、ある種の全能感を漂わせている。それを錯覚と言ってもよいが、実はそれは、その後の人生にとって決定的な体験なのである。

ピアジェは、あたかも成人の思惟が自己充足的なものであり、それによってあらゆる矛盾が取り除かれるとでも言わんばかりに、幼児を分別のつく年頃まで導いていく、だが……成人にとっても唯一の相互主観的世界がなければならないのだとすれば、成年時代の思惟の底にも一歳児の未開の思惟が不可欠の獲得物として存在しているに違いない……存在そのものに触れているという確信……幼児の世界で自分たちが平和に共存していたということを覚えていなくてはならない（M・メルロー＝ポンティ、竹内芳郎他訳『知覚の現象学2』みすず書房、一九七四年、二二〇〜一頁)。

幼児期の体験が、文字通りその後の人生の土台となるのである。では、幼児期が決定的に重要だとして、それ以外の時期はどうだろうか。実は、どの時期も同じように重要なのである。人生のどの時期の自分も、それを生きている人間にとって、自分のすべてである。それぞれの今の自分に、重要さの優劣はない。そのことは、オートポイエーシスという概念から直接導かれることでもあるのである。オートポイエーシスである心理システムは、どの時点でも、知るべきことはすべて知っているという意味で完全である。マトゥラーナとヴァレラによれば、「プロセスとしての個体発生は、どの時点でも単位体として十全であるようなシステムの生成の表現であって、不完全な状態(胚)からより完全な最終状態(成体)へと到る推移過程を意味しているのではない」(マトゥラーナ／ヴァレラ前掲書、『オートポイエーシス』八三頁)。同時にまた、オートポイエーシスは生きているので、静止することができない。完成状態もないのである。常に新たな課題が現われるので、作動を続けなければならない。オートポイエーシスは、どの瞬間においても十全であり、かつ不完全である。

元に戻る。堀尾の表現がスマートである理由の第二は、反論を許さないからである。なぜ許さないかと言うと、内容がないからである。発達の可能態として子供を見ることによって何が見えるかは言わないのである。そのように子供を見るということ自体が重要なのであって、そうしている限り、教育の大切さあるいは価値に確信を持つことができるので、それで十分なのである。一九九三年の、東京大学退官記念講演において、堀尾は、自分は何一〇年も前からこのことを主張してきたと述べたが、そう見ることによって何が見えるようになったかについては一言も言わなかった。おそらくこのことは、堀尾には欠如とは感じられていないのであろう。もしそう見ることによって何が見えるかの議論が始まったら、おそらく収拾がつかないものになる。子供を発達の可能態として見るという命題は、堀尾が意図してそうしているのかどうかは分からないが、そのように見るということに限定し、何が見えたかを言わないことによって、反論を封鎖しているのである。

このような回避策を取らなければならないことに、〈子供〉という概念の虚構性（＝子供の一面を人工的に強調したものであること）が現れているが、どのような言い回しであれ、教育関係者のほとんどが、子供は〈子供〉である、つまり教育し（てあげ）なければならない存在だ、と見なしている。それは、教育がシステムとして成立するためには、不可欠の条件である。そのように信じている限り、教師は自分の仕事の社会的意義について確信を持つことができるし、親も安心して子供を学校に通わせることができる。そして、この場合の教育関係者には、子供も含まれるのである。子供自身が、自らを〈子供〉だと思っていなければならない。つまり、子供が、自らを大人に比べて未熟な存在であり、様々のことを身につけて大人のようにならなければならないと考えていると、教育的コミュニケーションはスムーズなものになる。そう考えていれば、教師は、教師としての権威を保持できる。子供は、目の前の教師を、人間として軽蔑している場合でも、大人あるいは社会の代表（エージェント）としての教師に対しては一目置かざるをえないからである。しかし、現在ではこの点はかなり危うくなっている。子供が自分を〈子供〉だとは見なさなくなり、大人と対等な存在だと考えることが多くなった。このことが、一九八〇年代以降の、学級崩壊等に見られる、新しい教育現象の主要な理由である。

ともあれ、〈子供〉というメディアが成立することによって、教育システムのコミュニケーションはスムーズに進行するようになる（正確に言うと、メディアの成立は必要条件である。十分条件については、すぐ後で述べる）。と言っても、それは、教育しているという形を作りやすいということであって、授業が内容豊かに展開するとか、その内容が子供にとって望ましいものであるとかということとは、別のレベルの問題である。学校とか授業というものがあるべきだ、それらは〈子供〉にとって本質的な価値があるはずだという、メタ・レベルでの話である。従って、誰もが子供は〈子供〉だと思っていても、いつでも授業がうまくいくわけではない。しかし、たとえ授業がうまくいかないとしても授業そのものの存在意義が疑われることはない、ということである。〈子供〉というメディアが信じられている限り、教育、学校そのものへの信頼が揺らぐことはないのである。それは、教育的コミュニケーションが社会的に、大量に成立する、最も基本的な条件である。そして逆に、教育的コミュニケーションが社会的に成立し、教育システムが成立することによって、そのメディアとしての〈子供〉は形成される。コミュニケーションとメディアは、ここでも同時に形成されるのである。

生きる力――〈子供〉概念の補完

しかし、メディアが形成されただけでは、教育システムが滞りなく形成され、安定して作動することはない。さらに大きな条件が満たされることが必要である。それは、社会の成員のほとんどが共通の目標を持っていること（大きな物語を共有していること）である。これが、教育システムがスムーズに進行するための十分条件である。そうした目標があれば、それとの関連で、未来が展望され、教育目的も正当化される。明治の富国強兵であれ戦後の高度経済成長であれ、そういったものがあるうちはいいが、現在のようにそれがなくなると、「生きる力」のような意味不明のことが言われることにもなる。これも、子供は〈子供〉であることを確認し、教育の意義を確認するために言われているのである。「生徒に生きる力をはぐくむ」ために何が必要かについての、学習指導要領の説明（「総則」、小・中・高共通）を見てみよう。

基礎的・基本的な知識及び技能を確実に習得させ、これらを活用して課題を解決するために必要な思考力、判断力、表現力その他の能力をはぐくむとともに、主体的に学習に取り組む態度を養い、個性を生かす教育の充実に努めなければならない。

これで生きる力の育て方が分かったと思う人がいるのかという気もするが、教育言説の特徴がよく表れている。その一つは、最初に、抽象的で、誰も反対しそうもない命題〈生きる力〉を立て、そして、それを説明するときには、いきなり、その具体例の一つになりそうなもの、つまり、引用のように、それがすべてとは言えないが間違いとは言えない例を挙げることである。そして、最初の抽象的命題をテーマに研究授業などが行われる場合は、そうした具体例のさらなる具体例がテーマとして選ばれ、それを評価するときには、例えば、発表の仕方に工夫があったとか目が輝いていたといったようなことになり、最初の抽象的命題は何のためにあったのか、ということになってしまう。つまり、最初の抽象的命題は、実際の授業を内容的に規定していないのである。しかし、研究授業の報告書は、それが生かされたとしてまとめられる。

二つ目は、大人を問題にしないことである。生きる力ということが、子供は〈子供〉であるという命題を補強するために持ち出されてきたのだから、そうならざるをえないのである。今生きている大人たちに果たして生きる力があるのかと考え始めると、議論百出となるであろう。それどころか、世の中には、精神科医などのように、生きる力を失ったと思われる大人を相手にしている者も多いので、収拾がつかないものになるであろう。そういったことは一切せずに、生きる力があるかどうかは子供だけの問題だ、と予め限定してしまうのである。そうすれば、生きる力を失った子供に大人は何をしてあげられるかという話になって、教育の意義は再確認される。しかも、そのような限定は、ほとんど無意識のうちに行われる。意識しているわけではないから、何を切り捨てているかについても無自覚である。後述のように、いじめの問題でも同様である。

このように、細かく見れば様々な問題があるが、教育システムという社会システムが必要だということについては、社会的な合意が得られていると言って良いであろう。そして、教育システムを一箇所に集積させたのが学校である。一箇所に集積させたのは、効率を高めるためである。それは、子供（の心理システム）が、教育的コミュニケーションによって形成される教育システム（授業）と構造的にカップリングし、そのことにより構造的ドリフトを起こすこと（＝必要とされる文化を身につけること）、つまり子供が変容することの効率である。近代学校では、その教育システムにおいては子供が変容することがめざされているのである。当たり前のことのようであるが、次節で論じる近代学校の選別システムでは子供の変容はめざされていないので、教育システムの特徴として確認しておく必要がある。子供が変容することを目的とした社会システムである教育システム、これが近代学校の第一の層である。

心理システムと教育システムの矛盾

それはともかく、前述のように、社会システムによって心理システムを意図的に変容させることは、不自然なことなのである。社会システムと心理システムはお互いに環境であり、本来直接影響を与えることはできない。にもかかわらず、意図通りに影響を与えようとするので、様々な教育技術が工夫され、教育システムのコミュニケーションには独特のものになる。教師が自分のことを先生と呼び（医者や弁護士がクライアントに向かって自分を先生と呼ぶことはない）、答えが分かっている側が質問するとか、実際には命令であることを約束と言うなど、他ではあまりないコミュニケーションが多用される。

しかし、二つのシステムが構造的にカップリングすることの最大の問題は、心理システムの特定の方向への変容を目的としているので、そのオートポイエーティックな作動が阻害されがちだ、ということであろう。授業には、教師が構想した授業展開の枠があるので、生徒が自由な発想で自らの考えを展開することは、基本的に不可能なのである。もちろん、偶々教育システムのめざす方向（＝授業展開。これは、教師の意図する方向と必ずしも同じではない。教師も、生徒との相互作用に巻き込まれるため、予定通りには授業を進められない。本章第４節）と心理システムの想像の方向が一致することもあるだろうが、例外的である。それに、授業には、ある範囲を越えて展開されることは抑制される（「単元の範囲を越えてはならない」などと言われる）、ということもある。そのこともあって、授業では、子供がオートポイエティックに、つまり自由に想像力を発揮できることは、めったにない。そのために、科学は大好きだが理科は嫌い、物語を読むのは大好きだが国語は嫌い、といった子供が存在するのである。自分で科学を学んだり物語を読んでいる場合は、自由に想像することができるが、授業ではそういうことは、普通は許されないからである。このことは、教育システムが不自然なシステムであることの端的な表れであり、解消不可能な矛盾である。

二つのシステムの構造的カップリングに矛盾があるということは、教育システムから見れば、予定通りの成果を出せるとは限らないということである。そのため、教育システムには、心理システムの変化を強制するものが伴うことが多い。ヨーロッパではそれは、古代から体罰だった。

子どもがどんな知識を吸収すべきかは伝統的に決まっていたので、教師はひとつのことを教えながら、子どもが自分の前に立ちはだかる障害を乗り越えていくのをまつ以外に努力のしようがなかった。だから教師が、御しがたい相手だと思っている子どもに打ち勝つために残る策は、ただひとつ体罰であった。……教育と体罰とはヘレニズム期のギリシア人にも不可分であったらしく、ファラオやユダヤ人の文人（教育）のばあいと同じだった（H・I・マルー、横尾壮英他訳『古代教育文化史』一九八五年、一九四～五頁）。

中世でも同様だった。

修道院の設立した学校で、少年たちは五歳からラテン語を学ぶことができた。教え方は、一二世紀になってもローマ時代と変わらず、体罰を中心としたものだった。精神の機敏さは身体の脅迫から生まれると考えられていた。……一四世紀の学習は主に韻文の丸暗記であり、問いと答えからなり、しばしば鞭（scrap or cane. scrap は棒の、cane は皮ひもの鞭）が用いられた。「鞭を惜しむと子供は役立たずになる（Spare the rod and spoile the child）」は、すでに一一世紀にありふれたキャッチフレーズになっていた（John Abbott with Heather McTaggart, *Overschooled but Undereducated*, Continuum, 2010, pp.76-7）。

さらにヨーロッパでは、キリスト教の原罪という考え方が、体罰に対するためらいを一掃してしまっていた。

教育方法の変化は、原罪に対する信仰の衰微から実に大きな影響を受けている。今はほとんどすたれかけているが、伝統的な考え方は、次のようなものであった。すなわち、私たちは、みんな〈神罰の子〉として生まれ、邪悪にみちた性質をもっている、私たちのうちに何かよいものが生まれてくるためには、私たちは、〈恩寵の子〉にならなければならないが、この過程は、たびたびせっかんされることによって大いに促進される、というものである（バートランド・ラッセル、安藤貞夫訳『教育論』一九九〇年、三五頁。原著は一九二六年）。

日本では、近世にはかなり学校が普及したが、体罰はあまりなく、むしろ、明治の近代学校になってから、体罰は増えたようである。それも、建前としては禁止されたうえで（江守一郎『体罰の社会史』新曜社、一九八九年）。

現在ではしかし、世界中どこでも、競争が学習を促している。競争はその結果だけでも賞罰になるので、子供が「自発的に」システムの目的にそって変化するように促す。学校は、自己の効果をあげるものをいわば自給しているのであり、それだけ強力に子供を拘束しているのである。しかし、ここで、記述は微妙になる。教育システムは学習を促すために、競争を利用することもあるが、本質的な意味で競争を利用しているのは、次節で考察する、選別システムとしての学校なのである。教育システムにおいては教材の内容を理解して学習者の世界が広がることが本質的であり、競争があるかどうかは本質的なことではない。しかし、選別システムにおいては競争は本質的な要素である。このように書くと、言葉の遊びのように感じる人もいるかもしれないが、次節を読めば、二つのシステムを区別することの必要性を納得されると思う。

子供の心理システムの変容は次に述べるように、厳密には確められないのであるが、それを曖昧にしたままでは満足できないタイプの教育があるので、それについて一言ふれておきたい。それは、子供の心理システムの作動パタンを変えることを直接の目的としている、道徳教育である。道徳教育は、子供の心理システムが、道徳的規範に添って作動するようになることを期待して、進められる。だから、教材の物語を読ませると必ず、主人公の気持ちを聞くのである。子供の心理システムが期待通りに作動したかどうかを確かめているのだ。その上で、どの子も、同じような状況では主人公と同じような気持ちになるようになることを期待して、授業は進められる。しかし、どのように授業が展開したとしても、心理システムはオートポイエーシスであり、社会システムとは別の論理で作動するという事実は変わらない。クラスには必ず、教師の意図を察してそれに応える子供が一定数はいるから、授業の形を作ることはできるが、目標が達成されたかどうかは確かめようがない。心理システムはあくまで、他の心理システムにとって不透明なのだ。子供の心の中の様子は教師には、本当のところは分からないのである。

そこで、期待した言葉を言わせて、道徳教育の成果があったことにしている。しかし、もう一度言うが、期待した言葉を言ったところで、実際に何を考えているか分からない。道徳教育によって子供を変えよう、そうすれば日本は善くなる、そうしなければ日本はだめになると考えている人たちは、言葉（徳目）を教えることを重視している。言葉を覚えればそれなりの効果があると考えているようだが、人間観が浅薄である。心理システムがオートポイエーシスであるという、最も本質的な面を理解していない。

なお、以上は現行の道徳教育に対するコメントであるが、私は、道徳教育は無意味だと考えているわけではない。ある種の道徳教育は必要だと考えている。しかし、それは、心理システムがオートポイエーシスであることを、踏まえたものでなければならない。つまり、オートポイエーシスは自律性を保証されないと作動は破壊されてしまうのだから、現行の道徳教育のように自律性を抑制するのではなく、活性化するものでなければならない。しかし、その具体的な形について論じるには別稿が必要である。

第三次小学校令——学校知普及の画期

競争は、テスト（試験）の結果によって行われるが、テストは本来は競争させるための手段ではなく、教育の成果を見るためのものだった。子供がどの程度変容したか、必要な文化を身につけたかを知るためにテスト（の類のこと）をしたのである。現在では、テストは選別システムを作動させるために主に用いられているが、教育システムにとっても必要である。ただし、それほど正確なものではない。心理システムの内部は直接覗くことはできないので、どれほど理解したかは直接には確かめようがない。そこで、次善の策として、テストをして、テストの点数程度は理解したことにしているのである。と言っても、教えたことすべてについてテストすることは、物理的に不可能なので、そのうちのいくつかを選んでテストすることになる。確率的に判断しているのである。つまり、テストで七〇点取ったら、全体の七〇パーセントは理解しているだろう、と判断するわけだ。それ以上のことは調べようがない。

学校は欠陥商品（＝成績の悪い生徒）を世に送り出すからけしからんと言われることがあるが、これは穴だらけの議論である。それは第一に、今述べたこと、理解の程度を厳密に確かめることはできない、ということが分かっていない。第二に、すぐ後に述べるし、次節では詳述するが、学校で教わったことの大半は忘れている。それでもたいていの者は不自由を感じることなく生活しているし、社会的に支障が生じることもない。つまり、この議論は、学校知とは何か、どこでどのように役立っているのかということが分かっていない。そして第三に、こうした議論では成績の良い子は欠陥がないとされてしまう。しかし、成績の良い子が知的に欠陥がないわけではない。もしないとしたら、学歴エリートが支配している日本は、もっと暮らしやすい国になっているであろう。つまり、現行の学校知にどのような欠陥があるか、現在どのような知が必要とされているかということの考察抜きの議論なのである。要するに、学校が欠陥商品を生み出しているという批判は、自らの無知をさらけ出しているのであり、批判のための批判である。学校バッシングに利用しているだけである。

ともあれ、近代学校ができ、それが社会的に定着する（＝誰もが学校に行くようになる）と、近代社会に適応するのに必要な知識（近代知）を、それだけ多くの人が身につけるようになる。近代知とは何かということも具体的内容に即してきちんと検討しなければならないが、今その準備はないので、近代知のエセンスは学校知として集約されている、と考えることにする。より正確に言うと、近代知の中で、社会生活を営むだけでは身につかない、学習のためだけに確保された時間と空間の中である程度集中して学習しないと身につかないような知が、学校知となっているのである。そして、それは、一旦身につけると、日常生活で使用する機会があるので、忘れない。そして、近代知をある程度以上身につけた人が多数派になると、近代知を前提としたコミュニケーション、近代的なコミュニケーションが可能になり、社会の近代化は一層進展するのである。

しかし、実は、そうした学校知がきちんと身についているかどうかは、かなり怪しいのである。しかも、相当にいい加減であっても（＝正確に理解していない人がかなりいても）、あまり問題は生じないのである。このことは、社会的に通用している近代知の重要な特徴と思われるが（すべてがそうではない。どの部分かは改めての検討が必要）、学力論では言及されることがないので、一言述べておきたい。

日常生活では、一般の人々が、学校知（≒近代知）をどれだけ正確に理解しているかを調べられることはない。調べるとしたらテストのようなことをする以外に方法はないが、テストは心理システムにとっては結構過酷なことであって、普通の人間には、せいぜい一時的にしか耐えられない。すべての社会人に、定期的に、学校知を身につけているかどうかテストしようとしても、強力な抵抗にあって、簡単に取りやめになるであろう。学校では、他に人生の選択肢はないと思うから生徒たちは自分の気持ちを押さえつけてテストを受けているが、定期試験が始まると、これさえ乗り切ればその後の人生で苦労することは何もないはずだくらいに考えて、試験が終わった時のことばかり考えていたという経験は、誰にでもあるのではないだろうか。そんなことが一生続くとしたら、人生は耐えがたいものになるであろう。そして、試験前に不安になるのは、試験範囲にまだ身につけていない部分がたくさんあるからだが、社会人になってからは、その時に比べても相当に、学校知は剥落しているであろう。それでも、そのことが問題となったことはない。ある程度の人が、ある程度以上学校知を身につけていれば、近代的コミュニケーションの成立には差支えないのである。

それは、人間が、知、あるいは情報が不完全な状況においてもそれなりのコミュニケーションをする能力を備えているからでもある。誰にも、事実としては知っているが理由は分からない、ということはたくさんある。それでも、コミュニケーションが進行中の時には、大雑把な推測で分かっているようなことを言って何とか乗り切っている。誤解している場合もあるが、コミュニケーションの最中にばれなければ、コミュニケーションとしては何の問題もない。社会システムは心理システムとは独立に、それ自身の効果を持つのである。そのことがよく分かる事例に、偽医者の問題がある。彼らは、医師の免許は持っていないが、意外に患者に評判が良かったりする。それは彼らが、何しろ手持ちの知識が少ないので、患者の話を熱心に聴くからである。その上で、いかにも医師らしい物腰で症状について所見を述べれば、患者は信頼してしまう。このように、コミュニケーションが心理システムとは別の、独自の効果を持つということが、心理システムの欠陥（＝学校知を不正確にしか知らないこと）を補っているのである。常識的な漢字が読めないのに総理大臣になった人がいるが、そのことがばれたからといって、だから総理を止めろという話にはならなかった。そういうことを知らなくても何とかなるからである。

学校知は、きちんと普及していなくても、それなりに有効だ、ということである。それは人間が、自分の知が曖昧な場合でもコミュニケーションできるからであるが、これは人間の知能の重要な特徴であり、人工知能との決定的な違いの一つである。これができるようにならないと、人工知能が人間のような会話をすることはできない。人間は、知らないことも知っていることにしてコミュニケーションができるが、人工知能は、自分が知っていることでしかできない。そのために、現実の会話の場面で使える言葉は、非常に狭い範囲に限定されてしまう。会話を始めてもすぐに行き詰ってしまうであろう。

知識とは何か、それが現実の場面でどのように役立っているかという問題は、このことやその他様々の人間の知能の特徴の問題が絡んでくるので、相当複雑で、一筋縄では解明できない問題である。このようなことを考えると、これからの社会にはこれこれの知が必要だから学校で是非教えるべきだといった類の議論が、いかに多くの考えるべきことを省略した、単純すぎる、つまり実践的にはたぶん弊害ばかりが多い議論であるかが分かるであろう（次節の学力論も参照されたい）。

それはともかく、日本で学校知をかなりの人が、ある程度以上身につけていることを前提としたコミュニケーションが可能になったのはいつ頃かについて、私の仮説を述べておきたい。それは、一九〇〇年頃である。この年の、通称第三次小学校令（勅令）で、卒業試験が考査になった。それまで基本的に等級制であり、進級（学年が上がることを進級と言うのは、等級制の名残）、卒業の際は厳密な試験を行い、合格点に達しない者は落としていたのであるが、このときから、考査、つまり試験の成績以外のことも考慮して判断せよ、ということになった。要するに、成績が悪くても進級、卒業させろということである。学年制が最終的に成立（それまでも、この方向に向けての改革はいくつもあった）し、一年たてば全員が一つ上の学年に進級するようになったのである。このことは、近代的なコミュニケーションが可能になる程度まで学校知が普及したと、当局者が判断したことを示しているのではないだろうか。

この仮説の当否についてはもちろん歴史の詳細な研究が必要だが、もしいくらかでも当たっているとすれば、第三次小学校令は日本の社会史にとって画期的な出来事だったのである。この頃から日本は、近代社会の実質を備えるようになったのだ。そのことは、以下に述べるように、学校が近代的組織として整備されたことにも現れている。従って、第三次小学校令は、学校制度史にとっても画期的なできごとだったのである。しかしなぜか、教育史研究においては、そのような意義を持つものとしては注目されていないので、その要点を述べ、今後この方面の研究が豊かになることを期待したい。

このときに実態化し、あるいは制度化され、今日まで継続していることがいくつもある。それは(1)就学義務の実質化（就学率が上がり、学校に行かないと割を食うようになった）、(2)就学手続きの開始が親の届け出から学齢簿の作成になった（親の自発性を促す必要がなくなり、当然のこととして事務的に進行させることが可能になった）、(3)義務就学の学校種が四年制尋常小学校に単一化された（この過程に、当局が民衆の心情を汲み取っていく様子が、最も端的に見られる）、(4)試験によって落とすこともある等級制から、基本的に全員が進級する学年制に変わった、(5)進級、卒業の判定が試験ではなく考査によることになり、基本的に落とさなくなった、(6)就学開始年齢を六歳に統一、(7)授業料を廃止、(8)職業教育を排除し、義務教育は普通教育のみになった、(9)校長が必置となり、職務権限が明確化。校務分掌という考え方が定着し、学校は法規万能主義によって管理されるようになった、(10)学籍簿（一九四九年より指導要録）の作成の義務化、(11)国語の成立（読書・作文・習字を国語科に統一）、(12)体操の必修化（各小学校は五年以内に運動場を置かなければならないとされ、結果的に学校ごとに運動会を行うことが可能になり、学校が地域の娯楽センターのような性格を持つことになった）、(13)体罰法禁の構成において、現在に至るまでの規範を作った。「小学校長及教員ハ教育上必要ト認メタルトキハ、児童ニ懲戒ヲ加フルコトヲ得、但シ体罰ヲ加フルコトヲ得ズ」（第四七条）として、教員の児童に対する懲戒権の容認規定を主体とし、それへの制限条項として但し書きにおいて体罰を禁ずるという構成を取った、等である。

このように、日本の初等教育の学校は、第三次小学校令によって近代的組織・制度として成熟したものになったのであるが、さらに、このとき定着した形は単に上から押し付けられたものではない、ということも強調しておきたい。当局は、義務教育を実現していく過程で、民衆の心情に合わせて、具体的な詳細については省略するが、最初の構想をどんどん修正していったのである。とりわけ前記の特徴の(3)から(8)までがそうである。それゆえ、この形は日本民衆の心情とよく合っているので、学校の形の基本となり、その後も同じことが繰り返される。例えば、一九七〇年代、高校が準義務化されたと言われた時代に、職業教育が職業教育としては成り立たなくなり（前記の(8)に対応）、職業高校（現在の専門高校）が普通高校と同質の（前記の(3)に対応）存在と見なされるようになったこと（しかし、下位に位置づけられた、そのことについては後述）などがそうである。教育史ではとかく、制度が上から押し付けられたことが強調されるが、それは一面的な見方である。このことは、第3章の、学校の現状をどう見るかということと関わるので、ここで確認しておきたい。

こうして、このときまでに、あるいはこのときから、日本の初等教育は、近代学校として基本的なものをすべて備え、それとともに日本の社会に定着したのである。そしてそれは、第2章第2節に関わることだが、民衆が子育ての基本を学校に任せたということでもある。子育ての主体が民衆から学校になったのだ。従って第三次小学校令は、学校と全体社会の関係という点では、第二次大戦後の教育改革よりも重大な出来事だったのである。これもまた、教育史の常識に反することであるが。

教育と選別

ともあれ、日本の近代学校は、学校知を、国民に共通の知識として、かなり効果的に普及してきた。しかし、そこで話は終わらない。現在では、義務教育の段階でも、それ以上のこと、日常生活ではほとんど使わないようなことまで教えている。なぜだろうか。それは、次節で述べるように、選別のためである。選別とは差をつけることだから、そのために必要な知識は共通な知識以上のものでなければならない。日常生活で使う知識では、誰も知っているのだから、差がつかない。日常生活では使わない知識、実際の役にはほとんど立たない知識でなければ、選別には使えないのである。論理的に、そうでしかありえない。学校では、役に立たないことも教えなければならない、ということだ。そのような知識は、学校を出れば（あるいは、試験が終われば）すぐに剥落していくが、テレビのクイズ番組などを除けば、実際に使うことはほとんどないので、誰も気にしない。

近代学校は、教育と選別という二つのことをしているのであり、それぞれが独自のシステムを形成している。一つのコミュニケーションが両方のシステムに属している場合もあるが、後述のように、それぞれのシステムで、意味が異なる。また、システムの全体社会に対する機能もまったく異なる。それゆえ、概念としては分離して考察する必要がある。この、二つのまったく異なる機能を果たしていることについての無理解が、学校についての議論が一面的になる理由の一つである。

たいていの論者は、一方の機能にのみ注目し、それが学校のすべてであるかのように論じる。それゆえ、他方の機能に注目しているものから見れば、それは学校の現実（あるいは本質）を知らない議論であり、無視してしかるべきものである。学校の選別機能に注目しているものから見れば、学校の教育機能に注目しているものの議論は学校の実態を知らないもの、学校の社会的機能を無視したものでしかなく、後者から見れば前者の議論は、教育の本質を無視したもの、子供が学校の主人公だということを忘れ、子供を不本意な競争に巻き込むものでしかない*。

*――学校は教育だけをするべきだと考えている人は、子供は自らの意志に反して競争に巻き込まれていると考えているようである。偏差値の上下に一喜一憂している子供たちの存在は目に入らな

いらしい。

このように、教育に関する議論では、対話が成り立たない。そうした状況を少しでも変えていこうというのが、本書のねらいの一つである。

3　選別システムとしての近代学校

学校による選別機能の獲得

近代学校は、国民国家を土台に、その領土内で共通の制度として成立し、国民すべてを包含しようとする。そのことが実現すると、思わぬ副次効果が表れた。近代学校は、全体として、国民全体を対象とした、選別制度になったのである。国民全員に、能力について順番をつけることができるようになったのだ。もちろん、全員を自然数と一対一対応させることはできないが、二人の人間を比較すると、どちらがどれだけ上か、あるいは同じかということが言えるようになったのである。最初は、学校に行く者がまだ少なく、優れた者を選び出すという意味での選抜をしていたのだが、誰もが初等学校には行くようになり、そこに中等教育の学校、高等教育の学校が重なり、三段階の構造が完成するとともに、同年齢層の全員に順番をつけるという意味での、選別という機能を果たすようになったのである。正確に言うと、選別システムは、後述のように学校だけで形成されているのではなく、学校が中核となって日常会話も含めて形成される社会システムである。しかし、学校は中核であり、この選別という機能が、現在、学校の社会的機能として最も重要な側面となっている。もちろん今でも教育機能を果たしているが、選別機能を果たしているときは、教育機能を果たしているときと、システムの作動のパタンがまったく違うのである。その点に特に注意しながら、本節では、近代学校の選別機能について考えてみたい。

入学試験は、最初は選抜として始まったが、現在では実質的に選別となっているところもある。合格者が少数であり、多数の受験者の中から学力が高い（と見なされる）者を選べる場合は選抜と言えるが、合格者の全体の数が増え、同年齢人口の過半数になると、その意味での選抜はできない学校が出てくる。学力が高い（と見なされる）者を選ぶのではなく、自分の所に相応しい順番の者をピックアップするだけである。それは選抜というより、選別といった方が適切であろう。大学でもそういうところが増えてきたが、そのこと自体は、需要との関連でそうなるのだから、良くも悪くもない。

しかし、実質的に選別を行っている、全員入学の大学でも、推薦入試などの形で、選抜をしたという形を作ってきた。そうすることで大学としての権威を保とうとしたのである。私は、このこと自体には何の問題もないと思う。というよりもむしろ、大学が選抜したという形を取ることは、入学する学生のモチベーションにとっても必要である。それに、何らかの条件は付けているわけだから、選抜と称しても嘘ではない。ただ、実態を隠す必要はないのではないか。高校入試では、私立の場合、通知表の平均点が何点程度というような形で、どの程度の順番の生徒を望んでいるかを、非公式にではあるが、受験生に伝えることがある。そのようにフランクに考えればよいのではないだろうか。大学も、これこれの教育内容を望む者という形で入学条件を明記し、それにかなう学生を「選抜」すればよい。しかし、実質的には選別だということは、別に隠すほどのことでもない。実質的にも、選抜だと考えるから、話がややこしくなるのである。入試問題に関する議論が混乱している原因の一つは、選別をも選抜と言っていることにある。例えば、中村高康は、推薦入試＝マス選抜として議論を展開している（『大衆化とメリトクラシー』東京大学出版会、二〇一一年）。そのために、選別という実態が明確に浮かび上がらなくなっている。そこで、本書では、入試を中核とした国民の能力の順番づけに関わることがら全体を、実態に合わせて選別という言葉で統一することにする。

選別をしなければならない大学に関連して、もう一言述べる。今大学では、中学高校の復習をしなければならないところが出てきていて、揶揄されることがあるが、不見識である。後でも述べるが、中学高校の内容はけっこう難しいのである。ほとんどの人は、中学高校で行われている試験問題の一部しか解けないであろう。揶揄している人が解けるかどうかだって、結構怪しい。それに、中学高校の復習が役立った大学生がいたとしたら、それも立派な教育である。大学が存立する状況が変わってきたのだから、旧来の大学の概念に当てはまらないからといって、その存在意義を否定してはならない＊。

＊――中高の復習も教育の課題として引き受ける大学も増えてきて、二〇〇五年に、日本レメディアル教育学会が設立された。具体的な対策の内容としては、日本レメディアル教育学会監修『大学における学習支援への挑戦』ナカニシヤ出版、二〇一二年。

学校による選別の成立についてまとめる。学校は、本来は教育システムである。一定期間の学習の後、試験、あるいはそれに類することを行い、評価する。これは、一人ひとりの学習者にどれだけ学習の効果があったかを調べるものであった。しかし、実行してみると、生徒全員を比較できることが気付かれた。特に、数字で評価すると、かつてはありえないほど微細な差異が可視化されることになった。例えば、中世までの子供や青年の集団で、個々人の能力を一〇〇の階梯のどこかに位置づけるなどということは不可能だったであろう。それに、若者組では、全員を一人前にすることがめざされており、比較はあまり重要ではなかった。比較することがあっても、大雑把なものだった（例えば、村相撲の大関を二人選ぶ、等）。しかし、学校では、試験によって微細な差異が可視化された。すると、数字は、一人歩きを始める。一旦個々人にレッテルとして貼り付けられると、何らかの実体を表しているかのように扱われてしまうのだ。具体的にどのような実体と対応しているか分からないままに、そのように扱われるのである。数字の魔力だ。「数量的な表現は、表現する主体から一種独立したものとなり、言語的な表現ではめったに見られない効果を発揮する」（アルフレッド・W・フロスビー、小沢千重子訳『数量革命』紀伊国屋書店、二〇〇三年、二八九頁）のである。そして、他に対抗しうる指標がないこともあって、成績の数字＝能力（頭のよさ）という観念が、次第に強固になっていった。

成績による評価は、個々の学校で個々人について日常的に行われているが、同時に学校自体も評価されている。そして、二つの評価が一体となって、（同年齢の）すべての国民に、能力の順番がつけられている。近代学校は、教育とともに、選別も行っているのである。二つのことは、同じものの二つの側面ではなく、徐々に見ていくように、範囲も作動パタンも異なる。まったく別のものなのである。

現在では学校は、世界中どこでも基本的に、初等、中等、高等の三つの段階に区分されるが、それぞれ起源を異にするものである。大雑把に言うと、高等、初等、中等の順で成立した。それが、近代になると、国民国家の範囲内で、統一的な制度にまとめられる。すべての学校は、初等、中等、高等教育のどれかに位置づけられることになった。そして、上級の学校に進学するためには試験が課されることになった。世界中どこでも学校系統の基本は三段階であり、上級学校に進むための試験は、二回は必要で、三回以上は必要ないようである。なぜだかはまだ分からないが、人間の認知パタンの本質的なものと関係がありそうな気がしている。ともあれ、学校系統が整備されると、それとほぼ時を同じくして、誰でも望むだけ上級学校に行く権利があり、それに対して能力以外の制約があってはならないという観念が普及する。この観念は、近代が自己を正当化する根拠の一つであるが、そうなると、どの段階の学校を卒業したか、さらには同じ段階でも歴史的に評価が異なるどの学校を卒業したかが、個人の能力の指標とされるようになる。基本的に平等な競争の結果であるから、それは個人の能力を現してる、という理屈である。卒業資格が社会的価値を持つようになったのだ。近代以前は、学校は、基本的に教育だけを行っていたのであり、そこでどのような能力を身につけたかだけが重要で、卒業したかどうかはどうでもよいことだった。しかし、近代になると、能力のようなアナログ的なものは曖昧にしか評価できないので、どの学校を卒業したかというデジタル的なものが能力の指標として社会的に評価されるようになった。卒業資格が社会的価値を持つようになるということも、近代学校の重要な特徴の一つである。

近代学校は、全体として、（同年齢の）全国民を対象として、全員に順番をつける、選別システムとなったのである。これが近代学校の第二の層（システム）を形成する。ただし、すぐ後で述べるように、学校は選別システムの核ではあるが、選別システムの全体ではない。選別システムは日常生活の何気ない会話も含む、抽象的なものである。学歴社会とは、そのような選別システムを不可欠の下位システムとして含む、社会のことである。

学校が選別システムの一環であることについては、一方に、それを自明の前提として利用することだけを考えている人々がいるが、他方に、それは教育の本質を歪めるものだとして批判する人々がいる。前者の人々はすでにあるものを利用するだけだから、現状について発言することは少ないが、後者の人々は声高に批判することが多い。そのため、学校が選別システムであることについては（教育関係者の間では？）批判の方が目立つが、近代化に伴う必然的な現象である。後述のように、選別システムとしての学校がなければ、他の機能システムの作動に支障を来す。安全で便利な生活や民主主義の諸原則など、近代的諸価値の一切を放棄する覚悟がない限り、その廃絶を要求することはできない、と思われる。

選別システムによる文化の創出

以下で、選別システムの作動について考えていくが、その前提的理解として重要なことは、選別は、教育と違い、子供が実際に変容したかどうかを問題にしないということである。何点取ったかという結果がすべてであり、その点数にふさわしい知識を身につけているかとか、本質的なところを理解しているかといったことは問わない。同じ近代学校が、教育機能を果たす時は、子供が実際に変容することを目的としている（それゆえ、点数は一つの目安にすぎない）が、選別機能を果たす時は、子供が変容することは目的ではなく、ほとんどの人が納得する形で順番がつけられることだけが目的である（それゆえ、点数がすべて）。そのために、学校は不可欠だと言われる一方で、役に立たないと言われることもあるのである。近代への離陸期にあっては、学校教育の成果が実感されやすく、学校が不可欠だとされることが多いが、（近代学校が全国的に定着したという意味での）近代の成熟期になると、学歴社会が成立し、学歴が高い者が必ずしも優秀ではないことがしばしば明らかになるので、学校の勉強は役に立たないと言われることが多くなる。このように、近代学校は、矛盾していると言ってもよいほど異質な目的を持つシステムが重なった存在であるということが、本書で主張したいことの一つである。

選別システムが独自のシステムであるという根拠の一つは、独自の文化を創り出すことである。選別システムが作り出す文化のうちで最も重要なものは、入試問題であろう。入試で扱われる問題は、入試に直接関わる人々と外部からの様々な圧力とのダイナミクスの中で生まれてくるのであり、独特なスタイルが形成される。つまり、そこにしかない独特の文化が形成されるのである。言い換えれば、入試問題には入試でしか役に立たないもの、さらには受験関係者にしか解けないものもある、ということである。例えば、私の知り合いの数学者三人に聞いて確めたことであるが、数学者でも難関校の数学の問題は解けない。いくつかは解けるだろうが、制限時間内に合格点を取ることはできない。実際、そうした問題は、問題文を読み終わったとたんに解答までの基本的方向が見える位にまで反射神経のようなものを鍛えておかないと(つまり、一定期間集中してそうした訓練をしておかないと)、時間内に解くのは難しいであろう。また、中学入試の算数には植木算、旅人算、流水算など○○算と言われるものがある。これらを知らなくても解けなくはないが、時間がかかる(入試では決定的)。これらは江戸時代からあったものが半分で、残り半分は明治時代の中学受験で生まれたものである(高橋誠『受験算数』岩波書店、二〇一二年、二頁)。このように、選別システムは入試問題という新しい文化を創出するのである。

国語や英語では、それらが仕事の一部になっているような人は解けるものが多いだろうが、必ず解けるとは限らない。笑い話のような話だが、自分の文章を使った問題を解いた作家が、著者の意図は何かという問いを間違えたといったこともある(だいぶ前だが、小説家黒井千次のそのような話が新聞に載った)。受験生はそんなことは先刻承知だ。重要なのは著者の意図ではなく、出題者の意図なのである。

外部からの圧力として最も重要なことは、公正で正確ということであろう。関係者はそのことに細心の注意を払ってきたので、現在では、成績の数値(入試の合否の判定を含む)は、人間の能力を表すものとして、多少の欠陥はあるにしても、他の指標と比較すれば圧倒的に公正で、正確なものとして、社会的に受け入れられている。つまり、能力を表す指標として社会的に受け入れられるためには、試験は公正で正確なものと認知されなければならないのであるが、そのことが、入試問題の精緻化に向けての圧力となり、入試問題という独特の文化が生まれるのである。例えば、出題者は、答えがおかしいという批判はどうしても避けたいので、保険をかける。つまり、書かれている言葉の中に根拠があるようにする。そのために、内容を理解して考えるのではなく、手掛かりを探すという受験テクニックが生まれる。このようなテクニックも受験文化の一部を構成するのであるが、当然受験でしか役に立たない。何点取ったかということと、問題内容の理解はあまり関連がないのである。

入試の国語が、問題文を理解しなくても解きうるということについては、清水義範の「国語入試問題必勝法」（『国語入試問題必勝法』講談社文庫、一九九〇年）がある。英語については、東大の入試問題について解答を示したのち、富田一彦は次のように書いている。「私は解答するに当たって、この文章を全く読んでいない。文整序のような問題で答えに客観性を与えようとすれば、勢いこういう方法で解けるような問題になってしまう」（『試験勉強という名の知的冒険』大和書房、二〇一二年、七六～七頁）。もっとも、その方法はかなり複雑で、私には普通に問題文を読んでから解いた方が楽に思えるが、こうした方法の習得に精力を傾けている受験生もたくさんいるのであろう。富田は予備校の講師で、その講義は「富田の英語」として全国の受験生から高く支持されているそうである（同書、著者紹介より）。

このように、入試は、公正で正確に評価できる問題という要請に応えようとしているうちに、入試問題という独自の文化を生み出し、受験テクニックという独自の文化を派生させてきたのである（受験テクニックは、すべての受験生が身につけるわけではない）。入試にしか役に立たない問題も含まれているということと入試に注がれる膨大なエネルギーを合わせて考えると、あまりにアンバランスである。バカなことをやっているようにも見えるが、同年齢者の全員に順番をつけるとなると、並の努力では解けないような問題も含まれていなければならず、それを公正、正確なものにしようとすると、現状のようなものにならざるをえないのである。入試問題は批判されることが多いが、問題作成者はそれなりに苦労して、それなりに誠実に問題を作っている。また、他では役に立たない問題があったとしても、それが選別という機能を果たすうえで必要、つまり社会的に不可欠であることは明らかだから、受験関係者が無意味感に襲われることはない。

しかし、受験でしか役に立たないということがあからさまになれば、学習への動機づけに不都合が生じるので、公然と言われることはない。普通は、具体的根拠を挙げることなしに、将来必ず役に立つはずだと言われることが多いようである。ただし、難関校をめざしている受験生にとっては、そんなことは関係ない。合格できるか否かがすべてであり、受験勉強の内容が将来使えるかどうかはどうでもいいことである。

受験文化はしかし、入試問題だけではなく、受験生の生活スタイルや、マスコミの報道なども含む、総合的なものである。それが日本でいつごろから始まったかというと、受験ということが始まってすぐであり、そのメルクマールは受験産業の成立である。竹内洋によると、明治二〇年代にすでに学校案内ガイドブックが登場する。明治二三年から『東京遊学案内』は毎年発行された。ただしこれは、単に学校を紹介し、入試問題を掲載するだけであり、東京でどう過ごすかの都会生活情報の方に頁が割かれていた（だから「遊学」と言う。当時は、地方の者にとって、このような情報は貴重だったのである）。「受験」が「遊学」に代わってキーワードになるのは明治三〇年代からである。明治三一年には『中学世界』が創刊され、毎号学校と試験情報が掲載される。そして、そのような状況に対応して、受験生という生活スタイルが誕生する。

入学試験の時期が受験生とか受験の時代として意識されるのは、明治三〇年代後半頃からの現象である。……受験という観念の誕生は受験物語を紡ぎだす。……紡がれた受験物語は、試験を受ける者たちの行動範型（らしさ）を呈示する。入学試験を受ける青年についての定義と行動様式のシナリオが出来上がる。日課表を作って勉強すること、参考書を使って暗記すること、快楽を避けることなど……受験生は受験物語によって規制される。この規制作用によって受験的生活世界が誕生する（『立志・苦学・出世』講談社現代新書、一九九一年、九二～三頁）。

受験物語が「らしさ」を呈示すること、そしてそれによって受験生が規制されること、これはたぶん竹内が最初に指摘したことであるが、まさに文化というものの本質的な機能である。「らしさ」の通りに生活する受験生は少ないかもしれないが、そこから外れた生活をするとある種の疚しさのような感覚が生じるのである。

また、難問奇問の批判も、明治二〇年代にすでに現れている。入試に、入試でなければありえないような問題が出されたということである。そして、それに対応するためには、それにふさわしい勉強をしなければならない。そういったことすべてを含んだ、一つの、新しい文化が発生したのである。

その受験文化が完成したのは一九七〇年前後であろう。その頃全共闘運動が盛り上がったが、その背景には、学生一般が、「大学が『真理探究の府』ではなく、『人材養成機関』になったことに失望を感じていた」、ということがある（小熊英二『1968　上』新曜社、二〇〇九年、一五七頁）。それは、この頃までに大学が全面的に選別システムに組み込まれてしまったということである。その直前までは大学にも教育システムという側面（真理探究の府）もあったが、多くの学生にとって、そのようなことは実感できなくなったということだ。それは、大学生が自分はエリートだと実感できなくなったということでもある。大学進学の意味は、その大学に与えられた社会的評価に見合った就職口を探すことだけになったのだ。事実としてそうなっているらしいという状況判断と、それは受け入れがたいという大学の理念（まだ、それは少しは信じられていた）との間の矛盾が、当時大学闘争が盛り上がったことの大きな理由の一つであろう。しかし、その後は、そうした矛盾も感じられないほど、受験文化は当たり前のものになった。空気のような存在になり、あえて異を唱える者はいなくなった。七〇年頃までの学生には、大学に行けない労働者との対比で、自分が学生であることに負い目を感じ、何とか正当化しようと苦しむ者もいた。しかし今は、そういうことはまったくなく、実にあっけらかんと大学生になっている。

それはともかく、この頃は、大学進学率はまだ二〇パーセントほどに過ぎなかった。しかし、大学に行きたいが経済的条件等のために行けないという者は、比較的少数になっていた。つまり、かなりの割合の若者にとって大学は選択肢の一つとなったのである。そこが重要なところである。多くの者が、行きたいと思えば行けなくはないということを前提に、大学に行くか行かないかを決めるようになる。大学に行くことにすると、次に、自分の力で行ける最も評価の高い大学を選ぶ。様々な情報からすべての大学に順番をつけ、合格可能な中で最も順位の高い大学を受験校に選ぶのである。そのため、この頃から、同じ大学のいくつもの学部を受験する受験生がいるということが話題になった。受験校決定に当たって重要なのは大学のランクであり、学ぶ内容ではない、というようになったのである。そして、受験生が、自分が学びたい学問よりも、順番を重視して大学を選ぶ結果、大学の順番はますます確固としたものになった。そして、入学すると、今度は逆に、大学の評価によって大学生が評価される。受験生が、状況がこうなっているのだから仕方がないとして状況に適応しようとすることが、その状況を強化しているのである。受験生は、とかく自分は状況に強制されているだけだと意識しがちだが、状況の加担者でもあるのだ。車を運転する者が渋滞に巻き込まれると言うが、自らも渋滞を悪化させているのと同じことである。ともあれ、こういう次第で、大学を含めたすべての学校によって、国民すべてが選別されるようになったのである。

受験生が、受験校を決める際に、個々の学校を見るだけではなく、すべての学校を見渡してその中での位置によって受験校を決めるということは、まだ受験生が少数派だった戦前にすでに始まっていた。そのことを詳細に分析した天野郁夫は、「法制上で明記された高等教育機関」を「制度」、「周辺的な機関・過程を含む高等教育の総体」を「システム」と呼び（本書でのシステム概念とは異なる）、昭和一〇年頃の複雑な格差の関係を紹介した後、次のように述べている。

社会の人々、とりわけ進学を目指す受験生たちの目に見えていたのは、文部省の諸法規や統計資料に示された制度としての高等教育機関だけではなく、こうした相互に関連し合った一つの有機的なシステムとしての高等教育の姿であったに違いない（『高等教育の時代』上、中央公論社　二〇一三年、四三頁）。

当時は、高等教育機関は、現在のように大学として統一されておらず、非常に複雑だったが、それでも受験生たちは、上下関係をきちんと判断して受験校を決めていたのである。学校が提供する学習内容よりも、その学校の学校全体の中での位置（順番）の方を重視して進学校を選ぶということが当時からすでに、受験生の間では一般化していたということであるが、そうした学校観が一九七〇年頃に大衆化したのである。このような事態を嘆いたり批判したりしても意味がない。学校が選別システムとしての役割を果たすことから、必然的に生じていることである。そしてまた、前述のように、そのようにして学校を選ぶから、学校によって学生が評価されるのである。

成績——選別システムのメディア——の効果

学校は、今でこそ国民全体を巻き込んだ選別機能を果たしているが、最初からそうだったわけではない。最初は、初等、中等、高等のどのレベルの学校も、教育システムとして作られた。つまり、そこで学ぶ者たちが実質的に変容すること、すなわち、それぞれの学校が設立目的とした能力を実際に身につけることが期待されていたのである。初等教育はもちろんだが、日本の最初の大学、一八七七年に創設された東京大学は、当時としては異例の実学的傾向をもたされ、世界最初の工学部が含まれていた。近代化の推進に必要とされていた様々な分野のエリート（つまり、それに必要な能力を身につけた者）を、必要最小限は育成しようとしたのである。中等教育の諸学校も、それぞれが近代的セクター（特に法、医）の人材需要に応えて作られた（天野郁夫の諸著作、とりわけ『学歴の社会史――教育と日本の近代――』新潮選書、一九九二年）。

しかし、国民のほとんどが、望むだけ学校に行けるようになるとともに、期せずして学校は、国民全体を巻き込んだ選別システムとしての機能も果たすようになった。学習者が実質的に変容することをめざして作られた学校が、それとは別の機能を発揮するようになってしまったのである。明治の初期に近代学校が設立されるとき、福澤諭吉は、これからは虚学ではなく実学の時代だと述べたが、近代学校が全国民のものとして成立すると、学歴、つまり学習したという形式が社会的価値を持つようになってしまった。言ってみれば、虚学が再び実学の指標と見なされるようになってしまったのである。教育システムとして作られた学校が、いつの間にか選別機能も果たすようになり、しかも、後者の方が社会的影響が大きいということになってしまったからである。

学校が元々は教育システムとして作られたということが、現在でも、選別ということは学校の本質から外れたことだと、一部の人々が生真面目に主張する理由の一つであろう。しかし、学校が選別していることを本来のあり方ではないとして切り捨てることは、社会的に不可欠な機能に目を覆うことであり、現実を見ないということである。現実を見ていないから、批判はできるが、どこをどう変えたらよいかという提案はできない。さらにまた、このように都合の悪いことには目をつぶるということは、自分自身に対してもそうしているのではないか、と思う。今日のように学歴主義が蔓延した社会に生きていると、誰でも自分や他人を学歴の観点から評価することがあるであろう。そういうことを繰り返していると、何がしかの学歴主義的な偏見を身につけてしまう。そのような、自己の内部にある学歴主義に無自覚になっているのではないだろうか。

順番をつけるだけであり、それ以外の情報は一切含まないという点では、選別システムとしての近代学校は知能テストと同じである。知能指数というのは実年齢と精神年齢の差の偏差値のことだ。つまり、知能指数とは、全体の中での自分の位置だけを示す数字であり、具体的にどのような知能があるかを示すわけではない。選別システムとしての近代学校が出す結果もそれと同じで、全員を比較して順番を付け、個々人が全体の中でどの位置を占めるかの情報だけが含まれている。差異だけが問題であり、実質は問わない。そうしたことは、先述のようにきわめて実学的だったはずの東京大学の理系学部においてもそうだったのである。

人のうえに立つには、実学よりもむしろ虚学のほうがよいことさえある。工部大学校（明治初年に工部省が設立した高等教育機関。すぐに役に立つ教育がなされたため、応用が利かず、東京大学工学部に吸収された――引用者）生は、実学的な教育を受けたというものの、彼らが卒業して現場に出ても、大学出はすぐには現場上がりの古参の非大学出には太刀打ちできない。現場に出て、下僚に馬鹿にされて苦い思いをする。その点、東京大学理学部ないしは工芸学部出のほうが、専門は弱くとも、英語はじめドイツ語、フランス語のような現場には直接関係しない知識を持っている。当時は技術は外国のものを直訳・直輸入していたから、外国に対する機械の発注や仕様書の読みで、現場の叩き上げには到底まねできない外国語の強さを示せば、上に立つ者としての権威を保てる（中山茂『帝国大学の誕生』中公新書、一九七八年、一一七頁）。

比較の基準は、ほとんどの人が納得しうるものであれば何でもよい、ということである。より厳密に言うと、下に位置づけられた者が上に位置づけられた者を見て、「しょうがないな」、と思えるものであればよいのである。現在学校で教えられていることはたいていは近代科学のオーラを伴って正当化されているので、ほとんどの人が、能力の判断基準として、細かい点では問題がないわけではないが、大筋としては妥当なものと認めている。しかし、そうしたものを身につけることによって、実際にどのような能力が身についたことになるのかは、問題にされない。そういうことを考えようとしても、問題が複雑すぎて、よく分からないからである。しかし、点数がつけられるので、比較はできる。そして、比較できるということだけが重要なのであり、その点に両者の社会的な存在意義がある。しかし、両者には、対象の範囲の点で大きな違いがある。国民全員に統一した知能テストを受けさせることは不可能だが、選別システムとしての近代学校は、国民全体を巻き込んでいる。近代学校とはいわば、すべての国民を対象にした知能テストなのである。これが、近代学校が、近代社会に不可欠である理由である*。そして、すべての国民を対象にするためには、同じ基準で判定しなければならない。つまり、基準は画一的でなければならない。『学習指導要領』のような国家的な基準はどうしても必要なのである。そういうものは反教育的であるという批判もあるが、そうだとしても、選別システムである以上は、必要なのである。もちろん、このことは、現行の『学習指導要領』に批判すべきことがないということではない。そういうこととはまったく次元の異なる問題である。

*——正確に言うと、不可欠である理由の一つであるが、現在その機能が他を圧倒していることと、にもかかわらず、そのことを認めようとしない人が多いことから、あえて不正確な表現をした。

ともあれ、テストで何点取った、入試に合格したということは、その者が内容の本質的なところを理解しているかどうかの指標にはまったくならない。テストが終われば、入試が終われば、忘れてしまっても構わないのである。日本と同様にテストが盛んなアメリカでも事情は同じである。

私たちは、テストの結果は能力についてはほとんど語らない、ということを知っている。それらは単に、テストでうまくやる能力を測定しているだけである（Peter Sacks, *Standardized Mind*, Perseus Books, 1999, p.2)。

だから、学力と実力の乖離が繰り返し、ほぼ定期的に問題にされる。しかし、選別システムは本来、実力の判定はできないのである。実力の判定を放棄するからこそ、全員に順番が付けられるのである。実力といわれるものは質的に多様だから、一次元には並べられない。細かいことは言わずに、何点取ったかだけを問題にするから、全員を一次元に配列できるのである。一次元に配列できるということが、選別ステムにとっては決定的に重要なのだ。八〇点取った者は五〇点取った者より、具体的にどのようにということは誰にも分からないが、絶対に頭が良い、ということになっている。Sacksは、引用文に続けて、「不幸なことに、民衆は大抵、このメリトクラシー（能力主義）の道具の、正当性を受け入れている」、と述べている。日米両国民ともに、テスト結果が能力を示すと誤って信じているから、たまに、騙されたと言って怒るのである。イギリス人も同じである。「数字は説明を閉め出す」（Numbers squeeze out explanations! 第2節に前掲 John Abbott, *Overschooled but Undereducated*, p.62.）のである。

選別システムの効果が社会全体に行き渡る中で割を食っているのが、専門高校（以前の職業高校）である。専門高校は、専門の内容が異なるので、順番をつけられない。順番をつけるとしたら、他の高校と共通の部分、つまり普通教育の部分を利用するしかない。そうなると当然、普通教育の授業時間が多い普通高校に比べて程度が低いと評価されてしまうのである。ただし、私はそういう状況にもそれなりの理由があると言っているだけであって、是認しているわけではない。専門高校の専門性をもっと生かすべきだと思っているが、それについて論じるには別稿が必要である。

同様の事情で、大学は、入学後の教育内容ではなく、入学試験の難易度によって序列が付けられているのである。大学はどこも入学後は専門教育を行うが、それによって一次元に序列化することはできない。しかし、入学試験は、普通教育を中心に行われるので、比較できる。そこで、入学試験の難易度によって、大学の序列が作られることになるのである。日本では、戦前からそうだった。戦前の昭和期の受験競争について詳細に分析した天野郁夫は、次のようにまとめている。

高等教育機関は、この帝国大学・高等学校を頂点とする序列構造の中に組み込まれざるを得なかったのであり、そのピラミッド状の構造を社会的に、とりわけ進学希望者たちの目に可視化する役割を果たしていたのが、入学試験の難易度にほかならなかった。わが国の中等教育と高等教育の重要な特徴は、欧米諸国には見られぬそうした「入学試験」を媒介とする接続関係にあった（『高等教育の時代』下、中央公論新社、二〇一三年、一四五頁）。

「欧米諸国には見られぬ」という点はその通りだが、いくつもの注が必要である。しかし、ここでの論述との関係では、どの国でも入学試験の難易度が高等教育機関の序列と結びついているが、日本では特に著しい、と理解しておけばよいであろう。ともあれ、日本では、基本的に入学試験の難易度で学校の序列が決まっている。そして、どの学校を卒業したかによって、個人の能力が評価されている。学校の序列が、普通教育による入学試験の難易度という一次元のものによっているので、そういうことが可能なのである。

具体的な序列は、明治以来、受験関係者にははっきりと、一般国民にも何となく分かっていたことだが、誰にも分かるように可視化したのが偏差値である。共通一次試験、大学入試センター試験も、そういう意図はなかっただろうが、同じ機能を果たしている。共通一次試験が始まる前は、地方の国立大学どうし、あるいは同じ大学の学部ごとの差などほとんど問題にならなかったが、今では、はっきり何点差と数字で示される。差別を助長したのである。そうなることは、少し考えれば分かりそうなものだと思うが、教育と選別をまったく無関係なものと考え、教育に美しい思いを抱いている人には、まったく理解できないようである。未だに、問題を工夫する等のことで何がしかの改善が可能と考えている人もいるようだが、選別である以上は、最終的には一次元の数字にならざるをえない。弊害をなくすには、止めるしかない。バカなことを始めたものである。

入学試験で、答えが定まらない、採点ミス等の事故が起きることがあるが、そうしたことがあっても、全体の合否判定が問題視されることはない。選別機能にとって重要なのは、個人の能力以外の要因の影響を受けないという意味での「公正」ということと、はっきり数字で示すという意味での「正確」ということである。この二つのことさえ基本的に確保されていれば、その結果は、正当なものと見なされ、社会的に信用されるのである。だから、センター試験などでは、不公正にならないように（とりわけ、特定の受験生が不利にならないように）異常に気を遣う。それは、受験パタンの多様化と相まって、入試監督を極めて複雑なものにし、監督をする人間の注意能力の限界を越え始めているように思われる。毎年ある程度のミスが出るのはやむを得ないような状況になっているのではないだろうか。

しかし、そのような問題はあっても、結果として出された数字（合否の結果も含む）は一人歩きを始める。数字が出ると、人間はそれですべてが分かった気になってしまう。というか、そういう気にならなければやっていけない、という面があるのである。第1節で述べたように、コミュニケーションにはある程度のスピードが必要である。すると、何かと曖昧なことが多い中で、咄嗟の対応のためには、確実なものを根拠として使いたくなる。選別システムが出した数字そのものは誰も否定できない。そこで、その数字を根拠にしてコミュニケーションすることが多くなる。何回も使用しているうちに、その数字への信頼感はますます高まり、どのような事情でその数字が出てきたかは忘れられる。

選別の結果は記録され、システムの記憶を形成する。そのおかげで、他のことを忘れることができるのだ。心配や不安といった心的状態がすべて忘れられるばかりでなく、格別の記録がない限り、成績として残された成果がどんな知識と能力によって得られたかも、忘れられる（ニクラス・ルーマン、村上淳一訳『社会の教育システム』東京大学出版会、二〇〇四年、七九頁）。

こうして、選別システムが出した数字は、個人の能力の正確な指標と見なされるようになる。そして、この数字を前提として、学校はもちろん、家庭でも企業やマスコミでもコミュニケーションが展開される。そしてまた、そのようなコミュニケーションが展開されることによって、数字の意味がさらに強固になる。数字は実体のようになる。そしてそれは、様々な形で社会的にも個人的にも影響を与えている。そのような成績の数字をメディアとしたコミュニケーションの全体が、選別システムを形成しているのである。選別は学校だけが行っているのではない。学校が出した数字だけでは、意味がない。それがメディアとして、コミュニケーションに利用されることによって、様々な意味を付与され、社会的現実となるのである。社会システムとはコミュニケーションのネットワークであるというルーマンの視点は、この場合も偉力を発揮する。

まとめると、選別システムとは、成績をメディアとするコミュニケーションを要素とする社会システムである。この場合成績とは、日常的な学校内の試験から入試の合否まで含む。入試の合否も、様々な要素を組み合わせて判定したとしても、最終的には一次元の数字に換算しなければ合否を決められない。それゆえこれも、一つの数字である。従って、成績とは、学習の成果として公的に記録される、個々人に関する数字である。そして、この数字は、コミュニケーションのメディアとして使われることによって、社会的現実と見なされるようになる。逆に、社会的現実と見なされているから、コミュニケーションのメディアとして使われるのである。ここでも、メディアとコミュニケーションは同時に成立する。学力という言葉があるが、これは、後述のように、成績と同じことを曖昧に表現したものである。そこで、本書では、学力という曖昧な言葉は避けて、成績という言葉で統一する。

選別に関わるコミュニケーションの様子を、少し具体的に見てみよう。学校ではお互いの成績は周知であり、そのことが意識的にコミュニケートされることもあるが、それ以外のコミュニケーションでも、それが暗に前提としてされていることが多い。学校を離れても、成績（出身学校）による評価は何かとついて回る。それは社会全体に広く、細部にまで浸透しており、日常的には潜在化しているが、時々、やはりこの人（自分である場合もある）はこの成績だからこうなのかといったことが意識され、コミュニケートされる（こともある）。そして、就職や結婚のときははっきりと顕在化する。このように、成績をメディアとしたコミュニケーションは、たいていは潜在化しているが、遍在的であり、状況に応じて必要なだけ顕在化する。そうしたことの全体が、選別システムを形成するのである。学校はその核であるが、学校だけが選別をしているのではない。私たちが日常会話で何気なく成績についてふれることも、選別システムを構成しているのである。従って、選別システムとしての近代学校という言い方は、不正確である。「選別システムの核としての近代学校」と言わなければならない。しかし、不正確ではあるが、学校の機能を多面的に明確にするという本書の目的にとっては、分かりやすいので、「選別システムとしての近代学校」という表現を使うことにする。

選別システムが成績をメディアとしたコミュニケーションの総体だとすると、それは、社会全体に、細部まで浸透した、抽象的システムということになり、その全体像は誰にも見えない。例えば、誰かが誰かを成績を意識して見て、そのことがコミュニケートされるならば、それは、選別システムの構成要素を産出したということであり、そのことによって選別システムの維持、強化に加担しているのである。このように考えれば、現在ではほとんどの人が、多かれ少なかれ選別システムに参加し、その気はなくてもたいていはそれを強化している、ということになる。それなのに、高校や、とりわけ大学の入試関係者だけが選別をしていると錯覚していることが、入試問題の改革案が的外れになる、根本的理由である。しかも、入試改革の必要を訴える人々は、入試はやり方しだいで選別の機能を果たさなくなると考えているらしいが、具体的にどうしたら良いかは自分でも分からない。それだけに却って提言は声高になる。入試改革について発言する者はたいてい、自分の案を示すことはなく、ただ関係者のやる気を求めるのみになる。例えば、「待ったなしで切り込め」(一二年五月一二日付『毎日新聞』社説)、「教育の質転換に生かせ」(一二年一〇月一日付社説)、「いまこそ机上論を越えて」(一三年一月二一日付社説)、等である。教育に関する提言をする者は、自分は正義の立場にたっていると錯覚している場合が多く、とかく高飛車になりがちであるが、入試問題に関しては特にそうである。『朝日新聞』も同じようなものだが、一つだけ引用しよう。

特別な受験勉強が不要で、基礎学力の有無をきちんと判定できる。そんな共通試験をうまく設計できるかが鍵になる(一四年八月二三日付社説「大学入試改革 高校の教育とセットで」)。

特別な受験勉強が不要な試験で受験生すべての選別ができると考えているのだろうか。また、そのような入試はすでにかなり行われていて、学力の低下に悩まされているということを知らないのだろうか。入試改革の話になると、知性は捨ててしまうようである。

入試改革として提案されることはたいてい、すでに試みられ、失敗しているのである。一つだけ例を挙げれば、大正時代に(旧制)中学校の入試競争が厳しくなり、受験地獄という言葉が生まれた。そこで、東京府では、一九二二年に中学校の校長が一同に会し、入試改善策について協議し、一、試験問題を平易にする、二、小学校の内申書を参酌、三、体格検査に重きを置く、の三点で合意を見た。そして学科試験の比重を落とす等の措置が取られたのであるが、中学校側は、口頭試問でそれを補おうとした。学科試験と同じことを聞いたのである。結局、「口頭試問の導入は混乱を招いただけで、受験競争の過熱化の歯止めにはならなかった」（武石典史『近代東京の私立中学校』ミネルヴァ書房、二〇一一年、二二五頁）。受験産業の対応も素早かった。「大正末期に筆記試験の比重が軽くなり始めたころには、それまで人気があった受験雑誌『五六年の小学生』が休刊においこまれた。そして昭和二年に筆記試験の廃止が決定された際には、口頭試問の答え方に関する対策本がすぐさま書店に並べられた」（同書、二二七頁）のである。しかし、昭和五年には、筆記試験が再び認められた。わずか三年での復活である。

こうした状況について武石は、「単に表面的な選抜方法を改革しても問題の本質は全く解決されない現実を物語っている」（同書、二二七頁）、とまとめるのであるが、このよくあるまとめ方は、「問題の本質」が何であるかを語っていない。問題の本質について語らずにこのようにまとめることは、自分に見えていないということを隠蔽しているだけであり、無責任である。では、問題の本質は何か。それは難しいことではない。見る気さえあれば誰にも見えることである。それは、一定数を合格させ、他は落とすということである。その結論を出すために途中でどのような工夫がなされようとも、結論は変わらない。一点差で合否が決まるのは反教育的だという人がいるが、四ケタ、あるいはそれ以上の受験生の合否を決めようとすれば、境目の所は一点差にならざるをえない。それは単なる技術的問題であり、それ自体は良くも悪くもない。

しかし、そういった類のことはあまりに反教育的であるとして、教育関係者の中には学校（教育）の本質とは認めようとしない人がいる。それは、半分正しく半分間違っている。選別と教育はまったく異なるシステムの作動であり、選別が教育ではないということは正しい（それは、成績の良し悪しは教育の効果とは見なしえない、ということでもある）。しかし、学校は、教育システムであるとともに選別システムでもあるのである。その事実を認めないという点で間違っている。そして、学校が選別システムであることは、近代社会にとって不可欠なのである。それゆえ、近代社会を前提とする限り、「問題の本質」は解決できない。それでは、この問題に関しては、私たちは何もできないのだろうか。そのことを考えるために、選別システムの作動のパタンを、いくつかの視点から考えてみよう。

選別システムはオートポイエーシスである

以下の議論の流れがやや複雑なので、見取り図を述べておきたい。まず、選別システムがオートポイエーシスであることを確認する。ついで、選別システムは教育システムとは別のシステムであることを述べる。ついで、学校の選別システムとしての側面が強まるとともに、そこで身につけられる学力はますます社会的有用性から乖離していくことを述べる。ついで、それにもかかわらず、なぜ学力はこれほど強く求められるのかということ、言い換えれば実際は何の役に立っているのかということを考える。それは、一般的に学力によって身に付くとされているものとはかなり異なるのだが、そのことを確認した上で、選別は近代社会には不可欠であるゆえんを述べる。しかしやはり、選別システムの機能が肥大化することには問題がある。そのことを、教育システムの機能を圧迫する、という観点から考える。そして、学力とはそもそも何なのかということを考え、最後に、選別システムを相対化した（＝ありのままに見る）、それに振り回されない生き方を提案する。

まず、選別システムはオートポイエーシスであることの確認から始めよう。そこでの作動が閉鎖的かつ自律的であるかを検討するのである。この点に関しては、第1節で、理解ということに関して述べたことがそのまま当てはまる。成績は個々人について理解する際の一つの要素なのだから、当然である。つまり、理解一般においてと同様、選別システムにおいてもコミュニケーションには時間の制約がある。そのため、あまり間をおかずに次々に接続していかなければならない。このことがコミュニケーションの内容にも影響を与えるのである。時間の制約があるために、コミュニケートされた内容を詳細に検討する余裕は、普通はない。特に、メッセージの主要部分ではない場合は、そうである。そのため、たいていの場合、ステレオタイプ（世間的常識）に従ってしまう。成績について複雑なことを考えている人も、たいていはそのことについて説明する時間的余裕はない。そこで、これこれの成績であるからこの人間の能力はこの程度であろうという、ステレオタイプに従ったまま、コミュニケーションを接続してしまう（何か言われたら、すぐにそれに対応した内容で反応する）。そうすると、そのことによってますます成績についてのステレオタイプが強化される。このようなコミュニケーションにさらされているため、私たちは、成績についての確固としたイメージを内部に構成するようになる。それには、子供たちが通知表の数字を文字通りに受け止めて頭がいいとか悪いとか言っていることから企業の就職担当者による学校評価まで様々なレベルがあるが、いずれの場合も、当人にとっては十分な根拠があることなので、そうしたイメージは固定的である。そして、そのイメージに従ってコミュニケーションをする。それは、それ自体をテーマとしているのではなく、他のテーマと重複して、あるいは副次的に伝えられる場合も多いだろうが、その場合も、そのことによる影響は受けない。つまり、選別に関するコミュニケーションは、他のコミュニケーションに対し閉鎖的である。そしてまた、そのようなコミュニケーションは同様のコミュニケーションから誘発されたものであり、またそれ自身が誘発する。つまり、成績に関わるコミュニケーションは閉鎖的かつ自律的である。それゆえ、そうしたコミュニケーションの全体によって形成される、選別システムはオートポイエーシスである。

選別システムがオートポイエーシスだとすると、それは外部からの介入を受け付けないということである。実際、高校や大学の入試担当者のように仕事の重要な一部として関わっている人々、受験産業関係者や大学入試の高校別ランクを伝える報道関係者のように仕事として関わっている人々など、膨大な数の人々がそれに関わっており、そうした人々の間では、世間での受験競争批判とは無関係に、成績についてのかなり固定的なイメージのもとにコミュニケーションが交わされている。そういった人々に、受験の結果のようなものは教育の本質とは何の関係もないことですよ、などと言っても何の効果もないであろう。

そして、オートポイエーシスは、いったんシステムとして形成されると、その存在を許容する条件がある限り、作動し続けるのである。外から介入して、作動パタンを変えることはできない。そうだとすると、選別システムの存在を認める以上は、選別システムの影響を弱めるために私たちにできることは、外からできることだけである。それは、この場合では、選別システムが与える個々人についての評価を相対化することである。選別システムは、近代社会に不可欠なものだから、そのまま作動するに任せ、その価値を縮小するということである。そのような変化は、実際的には、そこでの評価の意味をできるだけ過小視するということではなく、ありのままに見るということになるであろう。

教育システムと選別システムの差異

次に、そのことをきちんと考えるために、教育システムと選別システムは、両者ともに近代学校の機能を担っているのであるが、まったく別のシステムだということについて、整理しよう。

第一の、最も重要な差異は、すでに述べたことだが、前者では子供が実質的に変容することが求められるが、後者ではそれは求められない（正確には、必要条件ではないということ）ということである。しかし、学習して何かが分かるという出来事は、両方のシステムにある。このことと、変容を求めると求めないの違いがあるということを、どう調和的に把握するかを考えてみよう。ルーマンによれば、二つのシステムがカップリングしているとき、一つの出来事が両方のシステムに属すことがある。しかし、その同じ出来事が二つのシステムでは履歴が異なり、それゆえ、それぞれのシステムにおける意味も異なるのである（ルーマン前掲書、『社会システム理論』上、三四〇頁）。例えば、テストでそれまで解けなかった問題が解けるようになったとする。教育システムの履歴ではそれは、これまで理解できなかったことが理解できるようになった、あるいは問題の本質的部分を把握できたということであり、世界が広がる。そして、その理解の深さに応じて、効果は後まで残る。選別システムの履歴では、それは単に正答が書けたということであり、理解したかどうかは関係がない。偶々鉛筆が正答の方に倒れただけかもしれず、後まで残る保証はない。点数が上がったということだけが重要であり、それ以上の意味はない。子供が同じようにできたと喜んでいたとしても、喜んでいる理由はまったく異なるのである。

第二の違いは、成立する空間の範囲である。教育システムは基本的に対面状況にある相互作用システムで成立する。典型的には授業である。そこに参加しているとき、子供たちが意識するのは、同じ空間（教室）にいる教師と仲間（友達）である。選別システムはより広い抽象的空間で成立する。日本では、直接選別に関わる範囲は、中等教育ではほぼ都道府県、高等教育では全国であるが、日常会話も選別システムの要素となっていて、これは大小さまざまな範囲で成立する。これに参加しているとき子供たちが意識するのは、どこかにいるはずの同じ学校を受験する予定の子供であり、さらには、世間で学歴に対するイメージを再生産している人々である。どちらも抽象的である。

一方が具体的で他方が抽象的であることから、奇妙なことが起きる。同時に受験する子供は「みんなライバル」なのだが、同じクラスの子供たちは、具体的存在で、相互作用もしているので、競争相手のようには見えない。そこで、クラスの全員に向かって「みんなで受験勉強を戦い続けよう」などと呼びかける教師もいる。錯覚に基づいた呼びかけである。

第三に、心理システムの状態（精神状態）も違う。教師は、一人ひとりの個性を大切にしながら、全員に何とか分からせようとしているときは教育システムを、成績をつけているときには選別システムを、作動させている。二つのことはしばしば矛盾するので、教師は、一方をオンにしたら他方をオフにしなければならない。両方オンにすると、悩みが生じることもある。例えば、努力しているのは明らかな子を何とか励ましたいが、通知表では同じ点しかつけられないときなど。生徒は、理解が深まることを楽しんでいる場合は教育システムに、早く答えを教えてほしいとか、試験に出るか教えてほしいと考えている場合は選別システムに、参加している。教育システムに参加している場合は、同じ空間にいる子供は基本的に仲間であり、今何をしているかを強く意識している。選別システムに参加している場合は、同じ空間にいる子供は、同じ学校を受験する者以外は基本的にどうでもよい存在であり、多少とも冷ややかに見ることになる。

第四に、学習内容も違う。教育システムに含まれるのは、小学校の教育内容のほとんどすべてと中学校の教育内容の一部である。これをある程度身につけないと近代社会に適応するのに苦労する。この点に関しては、きちんとした研究がないので、大雑把な推論しかできないが、キリスト教のメノー派の一派で、アメリカのペンシルヴァニア州などで、近代文明を拒否して、共同体生活を送っている、アーミッシュの義務教育が八年だということが参考になる。おそらく、近代社会に適応するためには、その程度は意図的な教育を受けることが必要なのであろう（アーミッシュは、近代社会の論理が共同体の内部に浸透することは拒否しているが、近代社会との付き合いまで拒否しているわけではない）。そして、八年間の教育を受けたアーミッシュは、一般社会でも十分生活できるのである。

たとえ、子どもたちがアーミッシュ・コミュニティを離れたとしても、彼らの持つ技術や倫理は、しっかりとした生活の基盤となる。アーミッシュが住んでいる地域の地方紙には、料理、パン、菓子作りや掃除をアーミッシュ女性に手伝ってほしいという求人広告が掲載されている。アーミッシュを離れたとしても、働き者のアーミッシュがもつ技術と誠実さが強く求められているのだ（サラ・フィッシァー／レイチェル・ストール、杉原利治／大藪千穂訳『アーミッシュの学校』論創社、二〇〇四年、一四四頁）。

選別システムに含まれる学習内容は、日本で言えば中学校の学習内容の一部と高等学校の学習内容のほとんどすべてが含まれる。義務教育年限は、世界的に九年から一〇年だが、このことも、近代社会に適応するのに必要な最低年限は八年程度であろうという推測と符合する。つまり、その上の学校に行くためには何がしかの選抜をしなければならないが、そのためには、誰でも知っている以上のことが教えられていなければならない。ほとんどの大人は、おそらく子供の学力不足を問題視している人も、選別システムで使われている問題（高校の入試問題等）の多くを解くことができないであろう。しかし、チェックされることはないし、困ることもないので、気にしない。解けないことがばれても、笑ってごまかすだけだ。しかし、教育システムでの学習内容が分からないときは、少し恥ずかしくなる。
高等教育では、選別は入学試験の段階ですでに済ましているので、後はただ卒業するだけ（学生が、自分が学習によって変容することを目標としていない）という場合もある。しかしそれは、日本だけの現象ではない。近代社会では学校が選別システムの機能を果たしているので、どこにでもある現象である。例えばアメリカについては、David F. Labaree が『学校でそれほど勉強しないで成功するにはどうするか?』（*How to Succeed in Schools Without Really Learning*, Yale University Press: New Haven & London, 1997.）で活写している。本書は、そのためのハウツー本ではなく、そう考える学生が大量に出現せざるを得ない事情についての、社会史的な説明である。

教育システム（本書での用法とは異なる―引用者）は、生徒たちに健全な社会で要請される政治的、社会的能力を身につけさせることよりも、個々人を差異化することに適したものになってしまった……学生が学校に行くことを決定しているのは、教育（本書での教育より意味が広く、選別システムの「教育」も含む―引用者）の使用価値というよりは交換価値である。なぜかと言うと、教育で追及されている第一の目標は、有用な技能や知識ではなく、教育的な資格―成績、単位、卒業資格などの、象徴的な財―になってしまったからだ（同書、二五〇～一頁）。

ここで使用価値とは実際に身につけた能力であり、交換価値とは就職等の時どの程度有利かということと、つまり序列のことである。勉強しないで、したという形式だけを求める教育の消費者（学生）の行動は非合理的なものであるが、「非合理的なのは教育の消費者の行動ではなく、わざわざ差をつけることで真の教育的達成を阻害している、教育システムの構造である」（同書、二五三頁）。

しかし、教育が行われる場合ももちろんある。専門教育、とりわけ職業資格と結びついている場合は、学生が実際に変容をすることが求められているし、学生もそれを期待している。そういう場合は教育システムとして機能しているのである。このように、教育システムで扱う内容と選別システムで扱う内容は入り組んだ関係にあるが、それぞれの場合で、学習内容を実際に学生・生徒が身につけているかどうか、学習終了後（試験が終わった後でもということ）もその効果が残っていることに価値を見出しているかどうかという視点で見れば、区別できると思われる（従って、中高でも教育は成立しうる）。

ルーマンの教育システム論の修正

以上のように教育システムと選別システムはいくつもの大きな違いがある。両者を別のシステムと考えようという、本書の主張に納得いただけたのではないだろうか。ところが、本書で最も依拠しているルーマンは、教育と選別を、教育システムが産んだ二つの機能としている（ニクラス・ルーマン、村上淳一訳『社会の教育システム』東京大学出版会、二〇〇四年、七四頁）。ここまでの記述で、学校を教育システム選別システムの二つのシステムの重なりと見るべきだという論拠は、私としては十分に示せたと考えているが、さらに、それを補強するために、メディアに関する考察を付け加えよう。

ルーマンによれば、近代社会のそれぞれの機能システムは独自のコミュニケーションのメディアを持つのであるが、ルーマンの教育システムの記述には、何をメディアとするかについて一貫性がない。この点はルーマン論の常識であるが、このことを指摘したうえで、何を教育システムのメディアと考えるべきかを考察した論考において、小林伸行は、教育システムのメディアを「能力」とすることを提案している（「〈能力〉メディアと『有能／無能』コード」『社会学評論』Vol.59, No4, 二〇〇九年）。しかし、近代学校において能力が問題になるのは教育システムだけであり、選別システムでは関係がない。選別システムで能力をきちんと評価しようとすると、前述のように、能力には質の差があるから、諸個人を一次元に配列できなくなるので、選別システムとして機能しなくなるのである。評価には公正さが期待され、「公正は、比較可能性を前提とする。比較可能性は、数値によって支えられる」（ルーマン前掲書、『社会の教育システム』七六頁）が、能力は多面的であり、（一次元でしかありえない）数値では表せない。従って、選別システムであることと能力を評価することは、実は、両立しないのである。この点についての無理解と、成績についての思い込み――成績の良い者はそれなりの能力を持っているはずだ――、この二つのことが近代学校の機能についての理解の大きなネックになっている。後者については、自分に受験勉強の成果がどの程度残っているか考えてみればわかるはずだが、無視されている。

また、前述のように、入試問題には入試でしか役に立たない問題もある。入試問題は、問題作成者と受験生と、様々な受験関係者の相互作用のダイナミクスから生まれる。それはかなり閉鎖的で自律的な世界であるから、これもまた一種のオートポイエーシスになってしまい、独自の文化を産出するのである。独自ということは、受験で発揮される力は受験でしか発揮できないということである。しかるに、それが何らかの能力（の指標）となるということは、社会的（正確に言うと、社会の中の受験界を除いた部分）にも有用だということである。そういう実態を無視した議論は、もうやめようではないか。実際、予備校などが宣伝に使う合格者の手記は、どのような苦労、工夫を重ねて受験に勝利したかが述べられているだけで、勉強して何が分かるようになったか、どのように世界が広がったかといったことは書いてない。ついでながら、いわゆる有名大学の学生の中には、合格者が社会的に優遇されるのは、受験で能力が身についたからというよりも、努力したことの報酬であると考えている者もいるようである。ほんのわずかの真実を含むが、あまりに視野が狭い。これも受験勉強の効果の一つであろう。

そんなわけで、能力を学校（ルーマンと小林の言葉では、教育システム）で行われているコミュニケーションのメディアと見なすことはできない。学校のメディアについては、ルーマンは一貫した提案ができなかった。そして、それに代わろうとする提案も採用できない。学校を一つのシステムと見なすことには無理があるのである。学校を、〈子供〉をメディアとする教育システムと成績（を表す数値）をメディアとする選別システムの重なりと見れば、今学校で起きている、互いに矛盾しているように見える事柄の多くが、無理なく理解できるようになるのである。

学校の教育内容と社会的需要との乖離

学校が二つのシステムの重なりだとすると、そのことだけで、学校は社会的な需要をそのまま反映しているわけではないということが推測されるが、次に、この点について考えてみよう。学校が制度として社会的に定着するにつれて、学習内容は逆に、直接的な社会的必要からは離れていくのである。

前述のように、学校は社会からの要請に応えて、教育システムとして創設された。それは、社会的に必要と思われる文化を子供の中に再生産するためであった。と言っても、教育内容を構成するものが学校の中で生産されるわけではない。学校は文化の再生産を媒介するのであって、文化を生産するのではない（ただし、例外もある。第2章第5節参照）。学校で教えられるのは、他の機能システムの様々な成果である。しかし、それらがストレートに学校に取り入れられるわけではない。そのどの部分をどう教えるかは、学校が決定する。例えば、学校と最も関係が深い機能システムは科学システムであるが、科学システムの成果がそのまま教育内容を決定するということはない。科学システムの膨大な成果の中から、学校（子供）にふさわしい内容が選択されなければならない。選択は学問の論理だけではできないので、学校関係者の判断に大幅に任されることになる。親学問の研究者が学校の教育内容について提言しても（そういうことはめったにないが）、受け入れられない。研究者で影響力があるのは、物理、生物、歴史などの専門家で、普段から学校の教育内容の編成に携わっていて、教材選択の細かい事情にも通じている研究者である。さらに、学習内容あるいは教育目的が一旦定まると、後は学校関係者の独擅場《どくせんじょう》となる。

例えば、特定の目標を達成するためにどのように学年配分するか、といったこと等については、完全に学校関係者のイニシアチブに任せざるをえない。

そうした事情のために、教育内容は基本的に、学校関係者が、それまでの伝統を参考にしながら、学校独自の論理に従って、自律的に決めているのである。社会的に必要なことでも、そのまま教材とすることはできない。そうできない事情で最も重要なものは、時間である。学習の成果が出るには、何年もの積重ねが必要である。インプットすればすぐにアウトプットが出るようなものではない。これからの社会では必要だという理由で特定の内容を学校に持ち込もうとする議論の多くは、こうした教材編成過程で配慮しなければならない事情を無視しているものがほとんどである。

そして、学校が社会的に定着すると、社会的必要と学習内容との乖離はさらに進行する。選別システムとしても機能するようになるからである。前述のように、選別システムは基本的に能力を開発しない。ただ、差異だけが重要である。そこで、差異を公正、正確に明示できることが重視され、受験にしか役に立たない問題も作られる。受験文化の成立である。それは、成績の数値が、それ自体で社会的価値を持つようになったということである。それがまた、学校の自律性にとって有利に働く。学校関係者が、学校に関することを、学校の内部の論理（事情）だけに基づいて決定する自由がさらに強固なものになるのである。この場合の学校とはもちろん、個々の学校のことではなく、学校に関わっている制度、組織、人間の全体である。教師だけではなく、教育行政関係者や、教科教育に携わる研究者など、学校が運営されるうえで影響力を及ぼしている者が、内部に通用している情報と論理のみに基づいて学校に関することを決める、ということである。そのために学校独自の文化が形成され、外部からは容易には介入できないようになる。学校がオートポイエーシスになるのである。

そして、進学者が増えると、同じ順番を維持するためだけでもより上位の学校に進学せざるをえなくなるので、その面からも学習内容は社会の要請から乖離する。進学者がますます、学習内容よりも、学歴としての価値を重視して進学するようになるからである。学校も、そうした進学者の需要に応えざるをえない。学校は本来は社会に必要な人材を、必要な数だけ養成することを目的として設立されたのだが、次第に、それとは無関係に、進学したいという需要に応えることになる。一九一八年に「高等諸学校創設及拡張計画」が原敬内閣によって策定、公表されるが、ここで「人材養成よりも進学需要重視の拡張政策が、初めて登場」（天野郁夫『大学の誕生』下、中公新書、二〇〇九年、三七六頁、傍点は引用者）したのである。

このように、学校で教えている内容は何重にも社会的必要からずれているし、そうなるにはそれなりの理由があるのである。しかし、そのことによって学校は独自の文化を形成し、自律性を獲得している。そして、自律性の獲得ということは、実は、学校が社会的役割を果たすうえで、なくてはならないことなのである。近代社会における諸機能システムどうしの関係の重要な特徴の一つに、独立性と依存性を同時に高める、ということがある。それぞれの機能システムは、他の機能システムとは無関係に作動するからこそ、他の機能システムにとってなくてはならないものになるのである。学校も、自律的に作動するからこそ、後述のように、他の機能システムにとって不可欠な存在となっているのである。それゆえ、社会的必要という視点から直接に教育内容や学校のあり方を考えようとする議論は、近代社会の機能システムの作動パタンを理解していない、と言わなければならないのであり（第2章第4節も参照）、そのような提言は必然的に的外れで、有害なものになる。

成績は何の役に立っているか

ここまで成績は実際に理解しているかどうかということ（能力）とは関係がないということを前提に考えてきたのであるが、成績は、現実には相当に重視されている。そこで、成績はなぜこれほど重視されるか、あるいは実際に何の役に立っているかについて考えないと、バランスを失することになるであろう。

学校の成績と実社会で発揮される能力があまり対応しないことは、ある程度は常識であろう。それにも拘わらず、なぜ教師も親も熱心に成績の向上を求め、多くの子供もそうしようとしているのだろうか。それは、学校を出てから役立つからではなく、今、ここで、つまり学校での生活に適応するのに役立つからではないだろうか。成績が良ければ（あるいは、良いと思われていれば）コミュニケーションが容易になる場面は、学校にはたくさんある。そういう場面では子供たちは、成績が良いことの意味を実感するであろう。子供たちを勉強させるために、教師はよく将来のことを持ち出すが、子供たちは将来のことははっきりとイメージできない。現実的なのは、今、目の前にある学校生活だけである。

学校生活では、試験への対応が一般的には最も重要であるが、試験は、それ自体が多大のエネルギーを必要とするだけではなく、その結果が、学校生活のあらゆる場面に、濃淡の差はあれ付いて回る。そういう学校という場に適応するには、成績が良い方が、一般的には有利である。それが実は、子供たちが実感している成績の実際の効用ではないだろうか。成績は、将来のためというよりは、今の学校生活によりよく適応するために、向上が求められているのである。あるいは、それが、成績を上げようと努力する際の、最も強力な動機であると考えられる。ルーマンも、学校の勉強は学校への適応のためであり、将来社会に適応するためではないということを、次のように述べている。

例えば教室における典型的な競争状態があります。これは成果を区別し、報酬を分け与える教師によって制御される状況ですが、後日、現実に出会う状況ではありません。学生は……実際に適応することを学んでいないのです（土方透／松戸行雄訳『ルーマン、学問と自身を語る』新泉社、一九九六年、五七頁）。

この点については、教師も同じである。教師が、目の前にいる生徒を通して、遠い将来の姿を思い浮かべながらコミュニケーションをする、ということはありえない。人間の想像力はそれほど強力なものではなく、目の前に対象が実在しているときには、その明晰さには太刀打ちできないのである。実際には、生徒の将来としてイメージできるのは学校にいる間だけ、あるいは入試の結果が出るまで、ということが多いのではないだろうか。

けれども、学校にうまく適応できれば、それ以外の社会へも適応しやすくなる、ということはあるであろう。成績が良ければ社会への適応力が高まるのは、ある程度は確かだが、それは成績の直接的効果ではなく、学校という社会への適応力を高めたことによる、間接的効果である可能性がある。そして、何事にせよ、一つのことが実現するためには非常に多くの要因が作用していて、要因の全体は見通せない。成績が良かったから成功した（悪かったから失敗した）と思われることが将来あったとしても、成績は、無数の要因のうちの一つにすぎない。従って、成績と将来の成功、あるいは失敗との因果関係は、厳密に証明することはできない。ほぼ確かなのは、成績がよければ学校に適応しやすくなる（必ずではない）ということだけである。こういった事情をきちんと見究めることができれば、つまり、成績は生涯の成功を左右する一大事ではなく、学校に適応するためだけのものだと考えることができるようになれば、成績の価値をかなり相対化できるのではないだろうか。

しかし、学校で訓練される能力が仕事に役立つ場合も、ないわけではない。その能力とは、自分の興味と関係なく知識を詰め込めることである。あるいは、一般的に、何をしたいかではなく、周囲から何を期待されているかを基準に、行動を決定していくことである。学校にいる間はつねに今何をしなければならないかを意識させられるが、そういう状況に適応すると、このような行動決定の仕方が習慣になる。そして、そういう習慣が身に付いた人間は、官僚組織に適合的である。だから、公務員試験の順番が、どの省に入るかを初めとして、官僚のキャリアに決定的な影響を与えているのである。

受験が能力の訓練となることもある

ここまでは、成績が良ければ社会的適応力も増す場合もあるが、学習内容に無関係だということを基本に論じてきた。成績を良くすること、あるいは受験勉強は、特に何かの能力も開発するというわけではないが、コミュニケーションを容易にする効果がある場合があるということである。

しかし、まったく能力を鍛えないかというと、そういうわけでもない。一つ前のパラグラフで述べたようなことではなく、実質的に思考力を訓練することもないわけではないのである。この点にもふれなければ、成績と能力の関係についての議論は片手落ちになる。最近、東大の入試問題がいかに物事の本質を考えさせるものであるかという本が何冊も出ている（長岡亮介『東大の数学入試問題を楽しむ』日本評論社、二〇一三年、相澤理『東大のディープな日本史』中経出版、二〇一二年、祝田秀全『東大のディープな世界史』中経出版、二〇一三年、出口汪『東大現代文で思考力を鍛える』大和書房、二〇一三年、等）が、納得させられることが多い。東大などでは、受験生になる段階ですでに、ある程度の選抜はすんでいる。本質的なことを理解しているかを問わないような問題では差がつかない。そこで、そういう問題が作られることになる。そして、それが伝統になる。受験生も一定部分は、それに対応した勉強をする。そして、本質的に理解したことは、そう簡単に忘れるものではない*。このようにして、一部の大学は、選別システムを作動させることを通して、教育（＝学習者を変容させること）をしているのである。

＊——それは、ニューロンのシナプスの結合パタンが変わるからである、と私は考えている。そのように述べている研究は見たことがないが、新しい運動を始めてそれが自然にできるようになるとそういうことが起きるので、そこからの類推である。

実際に、どのような訓練をしているかを見てみよう。例えば長岡は、東大では「簡単な難問」を出題する努力が継続されているという（前掲書、『東大の数学入試問題を楽しむ』四七頁）。簡単な難問というのは、解答の技術だけを身につけた受験生には手も足も出ないが、本質的なところを理解できている受験生には比較的簡単に解ける問題である。そう納得させる例をいくつも挙げたうえで、「数学教育の最大の意義の一つは、人間が人間としての誇りと尊厳をもった人生を送るための基礎となる経験を与えることではないか」（同書、三七頁）、と言う。

随分大きなことを言っているようであるが、そういうこともあるのだろうか。個人的なことを書いてみよう。私自身は、東大理科一類受験の前後には、数学の問題はすべて解けると思っていた。今は解けない。しかし、解説を読めばすぐに理解できる。だから、当時身につけた力は、まだかなり残っていると思う。それが、ルーマンを読むのに役立っているような気がするのだ。ルーマンは、一読しただけでは何を言いたいのか分からないような文章が続くが、きわめて論理的に構成されている。最初に、例えばコミュニケーションとは何かといったことを、きわめて抽象的に定義し、そこから論理的に厳密な論述を重ね、ある程度まとまって次の段階に移ろうとするとき、改めて最初の定義を繰り返すことがある。そのようにして、論理の一貫性を確保するとともに、最初の抽象的な定義が豊かな内容を含んでいることを明らかにする。ルーマンが扱っていることは、いわば「簡単な難問」なのだ。誰でも経験していることの深い社会学的な意味を明らかにしているのだ。だから、ルーマンを読んでいると、日常的な出来事の深い意味に気づかされることが度々あるのである。そんなわけで、私個人としては、高校時代の数学の勉強が今役立っている。長岡の主張にも一理あると思う。

また、東大に限らず、大学の入試問題で要求される水準はかなり高度である。普通の人間が普通に努力して到達するような水準では選別の役に立たない、という大学はいくつもある。そうしたものを突破するためには、それなりの努力が、一定期間集中した勉強が必要である。そういう機会は、一生のうち、そう何度もあるものではない（入試の時だけかもしれない）。集中すれば、ある程度は残る。それゆえ、大学入試という選抜システムの最も重要な一環が、社会全体の一般的教養水準の向上（＝教育）に役立っている、という面もある（山岡信幸『忘れてしまった高校の地理を復習する本』中経出版、二〇一二年、数研出版のもういちど読むシリーズ、『高校生物』1・2、『高校物理』1・2、『高校数学』1・2、山川出版のもういちど読むシリーズ『日本史』、『世界史』等参照。どれもかなりレベルが高い）。選別システムには、その一部ではあるが、教育システムという側面があるものもあるのである。

そう言ってから、またそうでもないと言わねばならないのだが、入試問題は、正しい推論をすれば必ず正解にたどり着くことは、最初から分かっている。だからこそ努力のし甲斐があるのだが、そのような問題は、人生で出会う問題の中では重要さにおいてはマイナーなものであろう。さらに、受験勉強だけで頭がいっぱいになり、どのような問題も基本的に合理的な解決が可能だという世界観を身につけたならば、かえってマイナスである。

受験学力を身につけることが、個人の能力に何をもたらすかについてまとめると、基本は、何ももたらさないということである。この点についてはほとんどすべての学力論が思い違いをしているが、こう考えれば、学力に関する議論や事実のかなりの部分がすっきりと理解されるであろう。しかし、一部ではあるが、思考力を鍛えることがないわけではない。その点については、少しふれただけであるが、個々の内容に即して、大規模に検討する必要がある。それができて初めて、学力論は内実を伴うものになるであろう。

選別システムは近代社会に不可欠

選別システムには、以上のように様々な問題があり、時に批判の声は大きくなるが、まったく動揺しない。それは、他の機能システムにとって不可欠だということが明白だからである。とりわけ経済システムは、選別システムがあって初めて、十分に機能を発揮できるのである。選別システムが、経済システムに固有の矛盾を、矛盾として顕在化しないようにしてくれるからである。

近代社会では、一方に個人の職業選択の自由があり、他方に個々の経営体（企業と官庁）が自己にとって最も望ましい人材をリクルートする自由がある。この二つの自由は経済的自由の核となるものだが、容易には調和させ難い、矛盾を含んだ関係にある。その矛盾を個人の立場で表現すれば、本来は、すべての職業の中から自分にとって最も望ましいものを自由に選択できるはずだが、現実には、多かれ少なかれ不本意な選択をせざるをえないということである。この矛盾を矛盾として意識させない、つまり、不本意な選択をやむをえないと受け入れさせるためには、個々人に能力のレッテルを張る以上に効果的なことはない。それがあれば、誰もが分に応じた選択をするようになり、一カ所に就職希望者が過度に殺到するといったことは生じにくくなる。また、経営体の方も選択のコストを大幅に削減できる。しかし、この能力のレッテル貼りに、経済システムが関与することはできないのである。なぜならそれは、経済システムに参入するときの判断に利用するものであるから、経済システムの内部の評価に基くものであることは、論理的にありえない。経済システムとは無関係に決定されている必要がある。そのためには、近代学校ほど好都合なものはない。近代学校が、経済システムとはまったく独立に（金で資格を買うなどということを許さずに）個々人を公正に選別しているからこそ、経済システムは安心して（不公正といった批判を受けずに済むということ）それを利用できるのである。こうして経済システムは、前述の二つの自由の間の矛盾を、矛盾として顕在化させずに（人々に意識させず）にすんでいるのである。

医師や教師など様々な職業が、資格取得の条件として一定の学歴を要求しているのも、同じことである。いわば一種の足きりであるが、これがあることによって参入許可の判定が相当に単純なものになり、それぞれのシステムの作動がスムーズになっている。それは、学校が、自律的に、ということは直接的な社会的必要とは無関係に、学習内容を決定し、成績をつけているからこそである。そして、それを他の機能システムが利用しているのだが、どう利用するかは、それぞれの機能システムが、こちらもまた自律的に決めることである。もっとも、利用するのは参入するときだけである。参入してから後の評価には、当たり前であるが、学校の成績は関係ない。

以上のことを抽象的にまとめると、選別システムはオートポイエーシスである、だからこそ、他の機能システムがオートポイエーシスとして作動するうえで不可欠の役割を果たしている、ということである。逆にまた、他の機能システムがオートポイエティックにそれぞれの役割を果たしている（経済的保証、政治や法の安定、等）からこそ、選別システムはオートポイエーシスとして作動できるのである。それぞれの機能システムが、自律性と依存性を、同時に高めているのである。ルーマンは近代社会の本質的特徴は機能的分化社会であることだとしているが、そのメルクマールの一つは、それぞれの機能システムどうしがこのように互いに自律的かつ依存的な関係にあるということである。そして、もう一つ重要なことは、全体を統合するものが存在しないということである。

以上のように、選別システムとしての近代学校は、近代社会システムの機能システムの一つであり、近代社会の存続にとって不可欠な機能を果たしているのであるが、なぜかこのことは社会科学の共通認識となっていない。未だに、学校が選別機能を果たしていることを頭ごなしに批判する人々がいる。しかし彼らは、なぜ学校がそのような機能を果たしているのかということを考えない。あるいは、学校が選別をしなくなったらどうなるかということを考えない。それゆえ、無責任かつ無意味な批判である。しかし、だからといって、選別システムはトータルに肯定されるべきだ、ということにはならない。選別システムが近代社会において不可欠な存在であることを認めつつ、同時にその問題点も見ていかなければならないのである。次に、そのことについて考えてみよう。

選別システムによる教育システムの圧迫

選別システムの問題点について、教育システムを圧迫するという観点から考えてみよう。近代学校は教育システムに選別システムが重なったものであるが、二つのシステムは、これまで述べてきたように、作動のパタンが根本的に異なるので、両立するとは限らないのである。そして、今日の学校では、選別システムの作動が教育システムの作動を圧倒している。そこから様々な問題が生じているのであるが、そのことについて考えてみよう。

学校はすべて教育システムとして始まった。そして、学習成果を評価するために、試験の類が行われるようになった。それは最初は、個々人が望ましい水準に到達したか否かを判断するためのものであった。しかし、試験をしてみると、他の子供との比較が可能になる。そしてしだいに、比較が重要になる。評価されたことを比較するというより、比較によって評価するようになるのである。それは、他人との比較しかはっきりと評価できるものがないからである。評価とは、本質的に相対的なものなのである。相対評価と絶対評価を区別する論者もいるが、絶対評価の基準は、相対評価によって決めるしかない（例えば、同年齢の子供たちが、どの程度までできるか、等）。他人との比較は良くないが自分との比較（向上心）は良い、という人がいる。しかし、自分の何かが伸びたとしても、そのことの評価は、一般に人間はそうしたことについてどの程度伸びるものかということが知られていなければならない。自分が、普通に伸びる以上に伸びたから評価しているのである。それゆえ、自分との比較は良いという考え方は、他人と比較しているにもかかわらずそのことを隠蔽しており、その点で欺瞞的である。
人間にとって、他人との比較ほど気になることはない。より正確には、自分が他人からどう思われているかほど気になることはない。建前としての道徳の欺瞞性を剔抉したバーナード・マンデヴィルは、人間が自分をいかに高く評価し他人の評価を気にしているかについて、次のように言っている。

この上なく卑しい者でも自分には計り知れない価値を置く者であり、野心家の最高の望みは、自分の価値について、世の中のあらゆる人間が自分と同じように考えてくれるということである（泉谷治訳『蜂の寓話——私悪すなわち公益』法政大学出版局、一九八五年、四八頁）。

皮肉屋のマンデヴィルの言っていることだから割り引いて考えなければならないが、誰にもこうした面が多少はあることは確かであろう。それに対し、学校は、客観的（に見える）数字を与えたからたまらない。テストの結果は全員を厳密に比較可能にするし、一〇〇点取った者は、自分が一〇〇点を取った者として見られていることを意識する。さらに、これを、学習を促すための手段に使った。ほどなくして、テストの成績は子供の能力を客観的に表すものと、受け止められるようになった。この場合能力とは、学校のテスト以外の場で発揮される能力のことであるが、それとテストの成績とはほとんど関係がないというのが本書の主張である。しかし、一般的には両者は、等号で結びつけられている。

学校のテストの成績と他の場で発揮される能力は関係ないという事例はいくらでもあるのに、なぜ両者は対応するものと見られてしまうのであろうか。それは、比較できるからであり、「客観的」な数字がその正しさを保証しているように見えるからである。一人の人間の能力の総体など、誰にも分からない。ところが、何かの基準で他人と比較して上か下かが分かると、私たちは能力の実体が分かったと判断してしまうのである。それにはほとんど根拠がないが、私たちにはそう判断する傾向がある。おそらくそれは、そのようにすばやく判断することが、進化的に重要だったからであろう。ともあれ、私たちは、人の能力の絶対値は厳密には分からないが、相対値は分かると考えている。ここに、比較ということの効果がある。実体（能力の絶対値）は分かっていないということを隠蔽してしまうのである。そして、そこに数字があれば、判断は確信になってしまう。学校は、そのような数字を提供した。私たちは、近代学校が成立したことにより、かつてはありえなかったほど、微細な、個々人の能力の差異を意識させられる社会に生きているのである。そして今では、差異を意識させる選別システムに教育システムは圧倒され、その作動はきわめて弱まっている。本当に分かった、世界が広がったという喜びではなく、点数が上がった、順番が上がったという喜びが学習の主要な動機になっているのである。

学校の選別システムとしての機能が肥大化し、それによって教育システムとしての機能が縮小していくのは世界的な傾向である。そうした傾向を、イギリスの教育学者R・P・ドーアは「学歴病」と名付けた。彼によれば、「ただ不幸なことに、学校教育と称するもののすべてが教育であるとは限らない。

その少なからぬ部分は単なる学歴稼ぎにすぎない。しかもその傾向はますます強まっている」（松居弘道訳『学歴社会――新しい文明病』岩波書店、一九七八年、一五頁）のであり、その影響は一国の開発努力の開始が世界史上で遅いほど大きいとして、それを「後発効果」（同書、一七頁）と名付けた。そして、第三世界の発展途上国では、「ふるいわけ機能が、教育を受けるという学校本来の機能を抑圧する―それどころか抹殺しているようにさえ見える」としている。日本の学校については、「少なくとも恐ろしく大掛かりな、すこぶる高価な知能テスト・システムで多少の副次的教育効果もある制度というふうに理解すれば、教育効果の方に主眼を置かなければ、それはよくできた制度と言える」（同書、七〇頁）としているが、的確な評価であろう。こうした状況に対して、あってはならないことだと言っても、現実に影響を与えることはない。選別システムはオートポイエーシスであるから、外部からの批判とは無関係に作動する。それに、何回か述べたように、それは近代社会には不可欠のものであるから、批判は、なくせ、ということではありえない。批判として成り立ちうるのは、相対化ということである。それは、選別システムが与える個々人についての価値評価を、現状のように過剰な意味を込めて受け止めるのではなく、ありのままに受け止めるということである。そのためには、学力として評価されているものの内実について具体的に考える必要があるが、その前に、教育システムが十分にその機能を発揮している事例を、いくつか見ておこう。

教育システムが純粋に作動している事例

選別システムを相対化するためには、教育システムが生き生きと作動している様子を知らなければならない。選別システムがまったく作動しない学校、つまり、そこで教育を受けることが社会的な地位上昇とは無関係な学校にはその可能性がある。例えば夜間中学、刑務所内の学校、障害児教育、底辺に位置づけられた高校、等がそうである。そうしたところでは、教育システムが、純粋に作動していることがある。そういう場合には、一般の学校ではもう味わえなくなったような、純粋な学ぶ喜びを味わっている。

学校に行けなかったために字が読めなくて様々な苦労をしながらもたくましく人生を歩んできた白井家光は、五五歳で夜間中学に入学した。その時の感動を次のように書いている。

教室の黒板の前で、自分用の机に座っているぼくがいる。先生がいて、直接にぼくに字を教えてくれる。そして親切な同級生が周囲にいる。何たる幸福！ ぼくはこみ上げてくる感動を必死でこらえ、先生の話に耳を傾けていた（『学校が翼をくれた』一光社、一九八三年、二五二頁）。

夜間中学を卒業したところで、学歴の点では社会の最低辺に位置づけられるという事実に変わりはない。だからこそ、純粋に学ぶ喜びを味わうことができるのだ。一つひとつの知識を獲得するごとに、自分の世界が拡大していく、そのこと自体に感動しているのである。

長野県松本市立旭町中学校の桐分校は、全国で唯一の刑務所の中にある中学校である。一九五五年に開校し、二〇〇九年までに六九一人の卒業生を送り出している。一九五三年当時、松本少年刑務所に収容されていた青少年受刑者の八割近くが義務教育無修了者だった。彼らを救済するには所内に中学校を作る他ないと考えた関係者の努力の結果できたものである。彼らの知恵が並ではないことを示すのは、これを、一般の公立中学校の分校としたことである。そのため、本校との交流ができる。中でも感動的なのが音楽交流授業である。

本校の生徒さんたちの合唱の美しさや純粋な目に驚きと感動を覚え、一緒に「故郷」と「旭町中学校校歌」を合唱すると、桐分校生は心を震わせ、人目もはばからず泣くのです。泣いてポケットからハンカチを取り出して目と鼻を何度も拭くのです。私もついもらい泣きしてしまいます（角谷敏夫『刑務所の中の中学校』しなのき書房、二〇一〇年、五九頁）。

そして、学んだことは着実に彼らの血と肉になっている。

彼らの入学時の姿と卒業時の姿を比較すると、見違えるほど変わり、成長しています。漢字一字を覚えることを通して、歴史の一コマを知ることを通して、一年間の桐分校生活を通して、見事に能力を伸ばし、人間性を豊かにしていきます。そして、卒業後も、文学賞を受賞する者や、定時制高校を目指したり、資格試験を受験するため学び続ける者など、目標に向かって生きています（同書、七二頁）。

教育システムにはこのような可能性がある、ということを確認しておきたい。しかしこれは、選別システムが重なっている、一般の学校の変革のモデルにはなりえない。そこで起きていることを考えるための一つの視点だ。二つのシステムが重なることによって、一方のシステムの可能性がどれだけ抑圧されているかを考えるための。

まだ学校に行けない場合は、学校が教育システムとしてだけ意識されるので、ある種の理想化がなされる。それゆえに、女子にも教育をと訴えていたためにタリバンから銃撃されたパキスタンの少女、マララ・ユスフザイ（一九九七～、二〇一四年ノーベル平和賞受賞）は、「一冊の本、そして一本のペンが、世界を変えるのです。教育こそ、唯一の解決策です」と訴える（金原瑞人・西田佳子訳『わたしはマララ』学研マーケティング、二〇一三年、四二四頁）。しかし、それは、彼女の生きている世界での、現時点での真実であって、現在の日本に当てはまるわけではない。

学力研究批判

日本の普通の学校では、選別システムが教育システムを圧倒しているが、一旦そういう状態になると、教育システムの作動はますます困難になる。理解できたという喜びを味わうには、理解できない状態に耐えることが必要であり、しかも努力に比例して理解が深まるわけではないからである。だからこそ、学ぶためにはゆとりが必要なのだが、選別機能が強力になると、何かにつけ比較されるのでそのようなゆとりは許されなくなる。手っ取り早く点数を上げる学習が優先されてしまう。そうした学習は、それ自体が学習動機を調達する。すればするほど、つまり（教育システムでの学習と異なり）努力にほぼ比例して、問題が解けるようになり、順番が上がるからである。そのこと自体が、学習内容と無関係に喜びとなる。新しいことを知り、世界が広がる喜びを感じることはなく、ただ、他人より上だということだけに喜びを感じる子供が増えている。これは教育の破壊である。これを克服するには、分かるとはどういうことかが分かっている教師が、個別に対応するしかない。教師にそれだけの力がないとしたら、それだけの力をつけられるような対策を取らなければならない。

教育システムについては、統一テストのようなものをやっても分かることは何もない。二〇〇七年度から始まった全国学力・学習状況調査（全国学力テスト）など、百害あって一利なしである。あんなものは、教育委員会や学校を統制する役にしか立たない。そんなことは、当事者には分かりきっている。それなのに、なぜあれほど大真面目に、子供のため、教育のためということで正当化できるのか、不思議である。自分が感じ、理解していることではなく、自分の立場上言うべきことだけを言っているのであろう。彼らには、学校という組織の内部の世界しか見えていないのである。

さらに、統一テストは役に立たないどころか、弊害さえある。それは、成績上位の都道府県や学校は問題にされなくなってしまうことである。ひたすら賞賛されるだけになり、彼らの学力にも問題があるかもしれないのに、そういうことは検討されない。そこで、そうしたことまで考えられるように、学力とは何かということについて、人間の思考とはどのようなものか、ということを踏まえて考えてみたい。

学力は、教育関係者の様々な思いが込められた日本独特の言葉で、英語に訳せない。しかし、しいて訳せばachievementである。結局は成績（の点数）のことなのだ。ところが日本では、学力という言葉は、単なる成績のことではなく、もっと深い意味があるとか、人間の総合的な能力なのだ、といったような様々な思いを込めて使われている。さらに思いが強まると、「真の」学力などと言われる。しかし、何が真の学力であるかについては、抽象的にそういうものがあるはずだと想定されているだけで、具体的に述べられることはない。教育関係者は、学力を成績以上のものと考えることによって自分の仕事を価値あるものと見なしたいのだろうが、実際にそのように使われることはない。例えば、ある子は算数のテストが八〇点で、別の子は六〇点だった、しかし、後者の方が算数の学力がある、といった議論がなされたことはない。そのことは、平均値になるともっとはっきりする。A県はB県より平均値は低いけれど学力は高いのだ、といったことが言われたことはない。そして、現実には、学力の研究はすべて平均値の比較であり、平均値が高い方が学力が高いということを前提にしないと、成り立たないものになっている。しかしそれは、前提にできるほど自明なことではない。学力について論じるなら、最初に考察しなければならないことである。ところがそれは、前提にされることによって、考察から逃れてしまう。それゆえ、学力論には、以下のような考察が入り込む余地はないのである。

学力の考察に入る前に、以上の現状についての考察を、本書でのシステム概念を用いて整理しておこう。それは、現在支配的な学力論では、比較（順番）という選別システムとしての学校に関わる部分だけが論じられ、理解という教育システムとしての学校に関わる部分は無視されている、ということである。例えば、全国学力テストで、ある県の小六の国語の平均点が六〇点だったとする。この六〇という数字が具体的にどのような能力に対応しているのかが問題にされたことがあっただろうか。問題にされることはただ一つ、他の都道府県と比べた順番だけである。そういうことを誰も疑問に思わないほど、選別システムが教育システムを圧倒しているのである。数字の比較によってだけ「教育」の成果は評価されている。順番をつけること、あるいは他と比較して自らの順位を上げることが、学校がなすべきことのほとんどすべてになっている。PISA等の国際的なテストにおいても同様で、問題にされるのは日本の順番だけである。順番の上下に、文字通り一喜一憂している。

なお、PISAについては、単なる知識の取得度よりも活用力や応用力を見ることに重点を置いているとして、高く評価されることが多いので、一言付言する。問題の作成過程を分析した松下佳代によると、「〈何が重要な教育内容か〉より、〈何がグローバルに共通し、国際比較と政策借用を可能にするか〉を基準に、リテラシーが構成されている」（「PISAリテラシーを飼いならす」日本教育学会『教育学研究』第八一巻第二号、二〇一四年、二二頁)。また、ポリティクスの視点が弱い。例えば、二酸化炭素の排出量の変化から温暖化の問題について判断させる設問では、「素材となっている論争的問題自体は複雑だが、生徒への実際の設問はデータ解釈のスキルに単純化されている」(同書、二二頁)。要約すると、PISAリテラシーは、「内容的知識やポリティクスの視点を捨象し、グローバルに共通すると仮想された機能的リテラシー」だ、ということになる(同書、二二頁)。要するに、社会に適応させることが中心で、それ以上に有意義な内容はないし、考えさせることもないということである。私も、PISA二〇〇六の科学的リテラシーの、公開された八問題を検討したことがあるが、出題者の科学的認識のレベルを疑わせるものばかりであった(「PISAの理念は問題に具体化されているか」国民教育文化総合研究所『学力研究委員会報告書』二〇〇八年)。PISAの問題が内容的に優れているということも、しばしば議論の前提にされるが、そういうことはないのである。

ともあれ、学力について論じ始めると、学力の差異だけが問題とされ、学力とは何かということは飛んでしまうのである。なぜ、そうなるのだろうか。それは、第一に、前述のように、確実に言えることは、点数の差だけだからである。学力とは何かということを考えてもよく分からないので、それは考えないことにして、点数に差があるという誰にも認知できることだけをもとに議論しているからである。

学力の差異だけを問題にするようになる理由の第二は、学力を実体として捉えていることである。点数が出てくるからには、それに対応する実体的な何かがあるはずだと推論しているのである。人工知能のようなものが精神の中にあり、問題がインプットされると解答をアウトプットしている、学力をつけるとはその人工知能のようなものの性能を高めることである、といったように考えられているのであろう。しかし、そのようなものはない。事実としてあるのは、私たちは起きている間はあれこれの判断をし続けているが、そうした個々の判断である。それらには、様々な要素が関連しているので、学力の応用だけで間に合うようなものはほとんどない。様々な思考要素が動員、あるいは喚起され、それらが総合されて（しかし、実際は、特定の要素が強調されることによって。この点については次節のダマシオのソーマティック・マーカー仮説が参考になる）決まるのであり、何が動員されるかは、その時の状況によって、同じ人間が同じ問題を考える場合でも、大きく変わる。記憶でさえも、その瞬間に喚起されて初めて出現するのであって、ストックとしてそのまま取り出せるような状態で保存されているわけではない。学力という実体、あるいはそれを担保する人工知能のようなものがあるのではなく、あるのは、個々の場合の判断という、瞬間的な作動である。そして、それには脳だけではなく、身体全体が関わっている。

そこで、学力の代わりに判断という言葉を用いて、人間の思考について考えてみたい。判断をしているときに私たちは何をしているか、ということを考えるのである。まず確認すべきことは、私たちはそのつどゼロから判断しているのではないということである。私たちは、起きている限り様々な判断をし続けているが、たいていは習慣に基づいて自動的に、即座に判断している。少し考える場合も、究極の根拠から考えるというようなことはせず、その状況に関連すると思われる命題をいくつか想起して、それを根拠に判断している。私たちは誰も、様々なことについて判断の根拠となりそうな命題が、いくつも想起可能になっているのである。ついでに述べると、この命題はイメージ的なものが基本であり、ヴィゴツキーが考えたように、言語が基本になっているのではない。

そうした判断の根拠となる命題がどのようにして得られたかを考えてみると、多くの経験から抽出して厳密に検証したものはほとんどない。たいていはごく少数の、時にはたった一つの例から、直観的に把握したものである。そのようにして得た命題を応用することには、最初は不安があることもあるが、何回か応用しているうちに確信となる。確信になるとともにそれは、無意識に沈み込む。そうなると、それはもう正しいかどうか吟味されることはない。そうなってしまうのは、意識的な思考のキャパシティには限界があるので、意識を経済的に活用しなければならないからである。その間の事情を考察したG・ベイトソンは、次のようにまとめている。

サミュエル・バトラーは――おそらく彼が最初だろう――我々が一番よく知っているのは、我々が一番意識していないことだと指摘した。これは、意識形成のプロセスが、より無意識的でより太古的なレベルへ知が沈んでいくプロセスだということを述べたものである。無意識の中に含まれるのは、意識が触れたがらない不快な事柄だけではない。もはや意識する必要のないほど慣れ親しんだ事柄も多く含まれるのだ。〝身についた〟ことは、意識の手を離れ、そのことで、意識の経済的な活用が可能になる（前掲『精神の生態学』二一七頁）。

ベイトソンは続いて、「問題は、しかし、それほど単純ではない」として、こうした経済策を取ることの問題点に進むのだが、ここでは、別の視点から意識の経済策にまつわる問題を考えてみよう。それは、個々人が判断の根拠としている命題のほとんどは、偶然的出会いの中で経験したことに基づくものだから、当然誤ったものや不正確なものがたくさん含まれているということである。そうだとしても、適宜修正されれば問題はないかもしれないが、判断の根拠にしている命題は、無意識に沈み込んでいるので、誤っているとか不正確だということがあっても気づきにくい。漢字の読み間違いなどはたまに気づくことがあるが、判断の根拠となる命題は抽象的であり、そのためにそれと不適合な事実に出会っても、都合のいいように解釈して合理化することが多い。しかも人間には、自分が確信を持っている命題を妥当とするような事実が目につきやすいということがあるので、ますます気づきにくいのである。

しかし、より重要なことは、どんなことについても、それについての判断の根拠となりうる命題は無数にあるということである。それらすべてを比較して、自分の命題を選ぶことは不可能である。偶々自分が身につけた命題を正しいと信じているだけで、それほどその選択に根拠があるわけではない。そうだとすると、時々刻々人間は瞬間的な判断を続け、しかもたいていの判断には大いに自信があるのだが、その自信は偏に無知によるものだということになる。判断の根拠となりうる命題は無数にあるのに、そのほとんどを私たちは知らない。私たちが知っているのは、(自分にとって)無知な命題の大海に浮かぶ、小島のようなものである。しかも私たちは、自分の知っていることしか知らない。つまり、小島しか見えず、無知の大海は見えないのである。そして、自分が知らない部分が見えていないからこそ、私たちは自分の判断に自信を持っていられるのである。そして、この無知は、原理的に克服不可能なものである。無数の命題を、有限な能力では精査できない。それゆえ、学力が高くなれば判断力一般が高まるという主張には、根拠がないのである。

学力と判断力は関係がないということについて、一つ例を挙げよう。一九〇二年、ウスリー地方の山中で、ロシアのシベリア軍の探検隊が、ナナイ人（シベリアの先住民族）の猟師と出会った。猟師デルスー・ウザーラは五三歳、隊長アルセーニエフは三〇歳。〇六年と七年の探検でも二人は出会い、歓喜して行を共にした。文字をもたない男と近代科学の枠を身につけた男の友情物語だが、自然観察力の差は圧倒的である。デルスーは、少し前にそこをどんな人間が通ったとか、どんな動物が何をしたか等を実際に見たかのように克明に説明する。どうしてそんなことが分かるのかと聞くと、なんでそんなことが分らなかったかが不思議になるほど、自明に見える。要するに、感覚器官の鋭さではなく、様々な証拠を総合する能力が違うのだ。また、天候の激変などを予測して、一行が命拾いをすることもある。具体例は省略するが、学力について論じる人には、是非読んでほしい一冊である（アルセーニエフ、長谷川四郎訳『デルスー・ウザーラ』上・下、河出文庫、一九九五年、現在は、平凡社東洋文庫に一冊で収録）。

こうしたことまで考えると、誰もが、自分の判断（力）をも問題にせざるをえなくなる。しかし、学力について論じている人たちはたいてい、学力に問題があるのは一部の子供たちだけで、成績の良い子は問題がない、ましてや自分には何の問題もないかの如くに論じている。学力論の多くは、自己の無知についての無知に基づいているのである。

ソクラテスが無知の知ということを述べているので、そのこととの違いを述べておこう。ソクラテスが問題にしたのは、善とは何かとか美とは何かといったことについて問い詰めていくと、誰も最後には答えられなくなるということである（プラトン、久保勉訳『ソクラテスの弁明　クリトン』岩波文庫、一九二七年）。しかし、そういった抽象的なことについては、答えられなくとも日常生活で困ることはない。だが、日常生活では、朝食に何を食べるかといったことから始めて、様々な具体的なことについて判断し続けなければならない。そういう場合は、ソクラテスも、慣習あるいは習慣に従って判断していたはずである。ソクラテスの日常行動がとりわけ奇矯だったことはないようだから、彼もそういう点では常識人だったと思われる。つまり、ソクラテスも、日常生活のほとんどのことについては、その究極の意味を考えるとか、その根拠となっている命題を吟味するというような時間のかかることはせずに、常識に従って、自信を持って即座に判断し、行動していたはずである。ここで無知についての無知と述べたのは、そのような自信を持っている日常的判断の根拠についてのことであり、哲学者に問い詰められなければ考えないようなことについてではない。

望ましい学力について

学力について否定的なことばかり述べてきたので、望ましい学力についても一言述べておかなければならないであろう。それは当然、選別システムの効果としての学力ではなく、教育システムの効果としての学力である。このテーマについて論じている範囲では、後者の意味で学力という言葉を使うが、誤解を招くことはないと思われる。しかし、それについて論じる前に、学ぶ（勉強する）という言葉に纏いついている、オーラを取り除いておかなければならない。

山田洋二監督の映画『学校』は、夜間中学を題材にしたものである（山田洋二『学校』岩波書店、一九九三年にシナリオ収録）。その最後の授業で、幸福とは何かということが議論になる。誰もうまく言えないので、行き詰ってしまう。そこを突破するのが、「だから、それを分かるために勉強するんじゃないの？」という発言で、一同が大きくうなずく。しかし、よく考えると、話は出発点に戻っただけである。なぜ夜間中学に入って勉強するかということから始まり、それは幸福になるためだということになる。しかし、幸福とは何かがよく分からないでいるうちに、それを分かるために勉強する、ということになった。結局、勉強するのはなぜ勉強するのかが分るためである、ということである。勉強する理由が分らないからだ、ということだ。説明になっていない。学ぶということは、自己準拠的に自己の価値を創出するのである。学ぶのは、なぜ学ぶかを学ぶためである。しかし、学んでも答えは分からない。だから、さらに学ばなければならない、となる。

つまり、映画の展開はなぜ学ぶかについて何の気付きももたらしていないのだが、観客は不満は感じない。それは、「勉強する」という言葉を包んでいる価値のオーラを確かなものにしてくれるからである。勉強することは誰にとっても価値あること、自発的に勉強しているのはりっぱな人、とされることが多い。だから、生涯学習がもてはやされるのであるが、それは、それほど確固とした根拠があることではなく、それほどの確信を持てることではない。だから、観客は、自分が学ぶということについて持っている美しいイメージを、やはり正しかったのだと確信させてくれたことで、満足するのである。

しかし、学ぶことは、何かの手段であろう。学んで何を理解し、何をするかが大切なのだ。ところが、一般的には、学ぶこと自体に価値があるかのように言われることが多い。そのために、学んでいる人は、特に高齢者などがそうだが、学んでいる内容とは無関係に、学んでいることだけでりっぱなことをしているように見なされてしまう。内容が捨象されていることは自覚化されない。成績の良い子は性格も良いと見なされがちなことも、このことに繋がっているであろう。従って、学力問題を偏見なしに見極めるためには、学ぶということに纏いついている価値のオーラを払拭しなければならない。学ぶことはあくまで手段である、ということを納得することである。さらに、いくら学んだところで大したことは分からない、という理解も必要であろう。そのことを実感するには、最先端の科学が何を、どこまで明らかにしたかを知ることも効果がある。例えば、子供の瑞々しさが私たちに与える喜びを、生命科学はいくらかでも明らかにしただろうか。

以上の理由で、学ぶこと自体に価値があるとする見方は否定されなければならない。そのことを前提としたうえで、望ましい学力、あるいは能力とは何かについて、一言述べておきたい。それは、まず、できる限り事実に沿い、できる限り論理的に推論する能力である。これだけだと常識的なことであるが、事実とは自分の視点からそう見えたものであり（他人には別様に見える）、論理も偶々自分が身につけたものにすぎない（別の論理も適用可能）ということに自覚的であること、ということを付け加えたい。さらに、それら（自分が事実として確認したことと自分の論理）を修正すべき出来事に出会ったら、ためらわずに修正できるということも付け加えたい。事実に即した合理的推論の力と謙虚さということである。普通学力論では、学力を身に付けると自分（の判断）に自信を持つようになると想定されているが、それは浅いレベルでのことである。もっと理解が深まれば、分からないことは却って多くなる。そして、そういう体験が深まれば、分からない部分も含めて自分と世界が成り立っていることを受け入れられるようになる。さらに、自分についても世界についても分からないことだらけだということを受け入れたうえで、それでも確実なこと、信頼できることは何か、まっとうな人生を送るには何が必要な知かを見出そうとする力、そのような力の土台となりうる力が、私が考える、望ましい学力である。

以上は、望ましい学力の基本を述べただけであり、具体例を挙げて説明しなければならない。しかし、まだその用意はない。その意味でまったく不十分な記述だが、少なくとも、現在流布している学力論の足りない部分を明らかにした、とは言えるのではないだろうか。今後、この方向での考察を深めたい。

学力（ここからは、常識的な意味での学力）が高ければ、学校への適応力を高める可能性は高い。学力の意味、あるいは価値として、確実なことはこれだけである。学力の実態をありのままに見ようではないか。そうすれば私たちは、選別システムと適切に付き合うことができる。学校が選別するのはけしからんというだけでは何も始まらない。選別システムが近代社会には必要であることを認めたうえで、それに影響されすぎなければよいのである。そのためには、何よりも、自分自身が、選別システムの与える数値が人間の本質的な価値（の何ほどか）を表しているという、囚われから解放されなければならない。前述のように、私たちのコミュニケーションも選別システムの一部を構成しているのであるから、一人が解放され、それだけそうしたコミュニケーションが成立しなくなるならば、その分だけ選別システムは弱まるであろう。そのように個人が解放されていくこと以外に、選別システムの弊害を弱める方法はない。しかるに、学力論の多くは、数字と格差を強調し、却って囚われを助長している。

4　官僚制組織としての近代学校

教員の管理

2、3節で、子供の学習にかかわる部分がすでに、二つのシステムの重なりだと述べたが、学校はさらに、教職員の組織でもある。これは当たり前のことを述べているのではなく、教職員の組織の作動パタンは前述の二つのシステムの作動パタンとはまったく異なるものであり、しかも学校の作動パタンを強く規定している、ということである。教職員は、子供に教えることも大切だが、その見返りに給与を得て、生活を支えなければならない。そのためには組織の論理に従わなければならないが、その基本原理は官僚制である。すなわち、近代学校は、官僚制を原理とした教職員の組織（システム）でもあり、これが第三の層として、その作動パタンを強く規定している。

官僚制組織は、そこで仕事をし、給与を支払われている者を人的構成要素とする。従って、学校の構成員は教職員である。児童・生徒は人的構成要素ではなく、利用者であり、教育活動の実施のために学校の仕事を分担する立場にはない（学校教務編集会編集『詳解　学校運営必携』第四次改定版、ぎょうせい、二〇〇五年、二一頁。本書は、その後学校教育法等が変わったにも拘らず、改訂版が出ていないが、この点については変化がないと思われる）。

最近は教育委員会や校長の権限が強化されたためにほとんど見られなくなったが、一九八〇年代までは時々、卒業式の形式をめぐって校長と児童・生徒が対立しているということがニュースになった。そういうとき、校長が言っていることの基本は、「卒業式はあくまで学校行事であって云々」、というものであった。それだけでは何のことかわからないが、要するに、だから校長である自分に決定権限があるということである。

よく、学校の主人公は子供だと言われるが、それは、商品やサービスの売り手がお客様第一というのと同じことであって、どのようなサービスを提供するかの決定権限は、サービスの提供者の側にある。また、学校は何よりも子供のためにあると言われる。それは、教職員の仕事の目的がそうだということであって、学校は教職員の生活のためにもある。このことを軽視すると、官僚制原理が、いかに内部にいる者の行動を強く規制しているかが、見えなくなる。

官僚制組織は、権限のヒエラルヒーによって構成される。権限が官僚制組織のメディアである。水平的なコミュニケーションは重要なものではなく、基本的に上下のコミュニケーションだけで運営される。それはまったく非対称的なコミュニケーションであって、下からは事実だけが伝えられる（ほう・れん・そう、報告・連絡・相談）。下の者は事実を確認するだけにして、それについて判断はするなということである。判断はすべて上がする。そして、上から伝えられるのはその判断に基いた指示・命令だけである。上位者と下位者が対等の立場で話し合うということは、絶対にない。日本では、文科省↓教育委員会↓校長↓一般教員、という上下関係によって学校は運営されている（都道府県教育委員会と市町村教育委員会も上下関係でつながっている。また、教員の階層化も進んでいるが、煩雑になるので、省略）。

こうしたヒエラルヒー的な組織では、最上部にいる者は、中間管理職（校長と教育委員会）の権限を強化しようとする傾向があるが（例えば、校長はリーダーシップを発揮せよ、等の言い方で）、それは、中間管理職の下位の者に対する権限の正当性の根拠は、上の命令に従っているということにしかないからである。すなわち、下に対して強く出るためには、上への服従を強めなければならない。要するに、中間管理職の権限を強化すると、上位者の権限は自動的に強化されるのである。

このような日本の学校での管理形態には、フーコー（Michel Foucault, 1926-84. フランスの哲学者）の規律・訓練の図式が典型的に当てはまる。功利主義者ベンサム（Jeremy Bentham, 1748-1832.）が考案したパノプティコン（一望監視装置）では、収容者は個室に入れられ、収容者からは監視人は見えないが、監視人はいつでも収容者を見られるようにする。しかも、見ているか見ていないかは分からないようにする。そうすると却って、見られているということを強く意識するようになる。この監視に賞罰を結びつけると、収容者は、次第に監視人の意図にそって行動するようになる。「可視性の領域を押し付けられ、その事態を承知する者は、みずから権力による強制に責任をもち、自発的にその強制を自分自身に働かせる。……自分が自らの服従強制の本源になる」（ミシェル・フーコー、田村俶訳『監獄の誕生』新潮社、一九七七年、二〇四〜五頁）のである。つまり、組織の中では、上位者の意図を忖度し、それに合わせて行動するようになるということである。この場合もちろん、見るとは、ただ見ることではなく、行動をチェックする権限を伴って見ることである。従って校長は教員を見ることができるが、教員が校長を見ることはできない。

学校教育法第七条には、「学校には、校長及び相当数の教員を置かなければならない」とあるが、このさりげない表現に、校長と教員の関係がはっきりと示されているのである。校長の職務についての解説書には次のように書かれている。

校長は、戦前においては正教員の中から任命され、学校管理の職責を遂行しつつも、児童生徒の授業も兼務するのが原則であった。実践においてキャリアを積んだベテラン教師が、いわば「教師の教師」として学校、教職員管理を担当していたのである。戦後の学校教育法は、「学校には、校長及び相当数の教員を置かなければならない」と規定しており、ここで初めて校長は教員とは別途のスタッフとして学校に配置されることになったのである（永岡順／小林一也編『校務分掌』ぎょうせい、一九九五年、二六一頁）。

校長は教員ではないのである。そして、学校では、唯一校長だけが判断できるのである。戦前に比べて戦後は、教員と校長の差は開いたのだ。この点からも、戦後の教育改革を民主化の一点で理解することがいかに一面的かということが分かる。

日本の学校では、教員は校長の方針を具体化するという観点から授業の年間計画を立て、実践しなければならない。また、校務に関しては、すべて校長の職務命令に従って遂行しなければならない。校務分掌という考え方がある。それは、本来校務は校長が一人で決め、一人でするものだが、それは無理なので、教職員に分担させるということである。何をするかはすべて校長が決め、教員はその手足となるということだ。しかし校長はすべてを自分で決められるかというと、そういうことはない。教育委員会の指示通りに教員を動かすことが求められている。校長の経営力量は「教育委員会からおりてきた指示項目の実施度によってはかるような側面が強かった」（玉井康之『学校評価時代の地域学校運営』教育開発研究所、二〇〇八年、一二六頁）のである。『学習指導要領』では、小・中・高ともに、冒頭の「教育課程編成の一般的方針」に「個性を生かす」とあるが、校長も教員も個性を出さないことが求められているのである。それは、官僚制的組織の原則である。官僚制的組織においては、同じ地位にあるものは誰もが同じようにすることが求められるのである。

規律・訓練が効果を上げている一例を示そう。横浜市では、各学校に「メンターチーム」の設置を勧めている。それは「複数の先輩教職員が複数の初任者や経験の浅い教職員をメンタリングすることで相互の人材育成を図るシステムである（横浜市教育委員会編著『教師力向上の鍵』時事通信社、二〇一一年、一二頁）。こういうものが作られるとなんでも先輩に相談できるようであるが、けっしてそうはならない。先輩が教えられるようなこと、「教師力の向上」という言葉に収斂されるようなことしか出てこないのである。管理のあり方等、現在の学校の枠組みそのものを問うような問題、あるいは貧困など日本の社会に渦巻く問題に、さらには人類の破滅に学校は加担しているのではないかといったことは、けっして出てこない。そういう類のことを言おうとしても言えない。校長および教員の間には、そのような発言を場違いと感じさせる雰囲気が強固に成立しているからである。それが規律訓練の効果だ。教員が日々規律・訓練を十分に受け、「自分が自らの服従強制の本源」になっているので、管理者は、安心して自由に問題点を指摘させることができるのである。

学校は同様の論理で生徒も管理しようとする。その手段となるのは試験である。学校は試験を行い、その結果を記録する。生徒は、いくつかの数値として記録され、それが生徒の個人性のすべてと見なされ、処理されている。ここまでは官僚制的に管理できるのだが、日々の授業はそうはいかないのである。本節では主にそのことについて考えようと思うが、その前に、試験について、教師にも関わる非常に興味深いことをフーコーが述べているので、そのことを紹介したい。それは、試験の定義である。フーコーによれば試験は、「知の、真実で恒常的な交換装置」であり、「教師から生徒への知の移行を保証する一方では、教師用に確保される知を生徒から先取する」（フーコー前掲書、『監獄の誕生』一九〇頁）。引用の前半は常識的である。生徒は試験があるから勉強するのである。後半が、普通は気が付かないことだが、試験があるから教師は、教えるべき内容を事前に確定できるのである。教師であると言えるためには、あらゆることを教えられなければならないわけではない。試験に出る範囲のことさえ教えられれば、教師としての体面は保てるのである。受験関係の教師の中にはたまに異様に自信を持っている者がいるが、彼らが自信をもてるのは、知るべき範囲が限られているからこそであり、その範囲のことさえ知っていればよいということは試験が保証しているのである。

授業の管理

学校は、生活が掛っている教員はかなり効果的に管理するが、生徒に関してはそうはいかない。記録については生徒を官僚主義的に管理できるが、肝腎の授業ではうまくいかないのである。授業は、子供集団のダイナミクスが作用するので、計画通りに進行させることはできないからだ。これは、次節にも関わることであるが、授業を中心に、教員組織が官僚制を原理としていることから生じている問題を考えてみたい。

まず、基本認識として重要なことは、生徒は、本節の最初に述べたように、学校の利用者である、つまり教職員が構成する組織の外部にいる存在だということである。外部の存在であるから、直接組織の論理によって管理することはできない。そこで、たいていは一人の教師が、組織の代表として、教室に赴き、授業を構成する。そして、学校（校長）は、その教師を管理することを通して、授業を管理しようとするのである。

しかし、授業は複雑すぎて、そうした管理になじまない。複雑性をもたらす主な理由は、授業は教師と子供との一対一の相互作用だけではなく、子供どうしの相互作用も含むからである。前者については常識だが、後者についてきちんと分析したものは少ない。ルーマンはこの点を考慮に入れて授業の複雑性について分析している。授業は学級を単位として遂行されるが、「同室者たちの相互行為システムとして学級が整えられたということは、そのような相互行為システムを構築するさまざまの形式に由来する大きな効果を伴うものであった」（前掲『社会の教育システム』一三七頁）。それは、「特に、いままで単に意識されるだけだった（つまり心的システムの単純な作動だった）知覚が、自照的（＝レフレクシヴ、同室の他者により知覚されている自分の知覚）になったということに見られる。相互行為の参加者は、自分が知覚されているということを知覚する」（同書、一三八頁）。子供たちは、教師とやり取りしているときも、他の子供たちに自分がどう見られているかを意識しているのだ。これは授業展開にとって重要な要素だが、これまでは、その重要性に見合うだけ十分に注目されてこなかったのではないだろうか。

そうした知覚の結果、授業展開は、教師の統制のきかないものになる可能性がある。

知覚されることの知覚から、ある種の規律が生まれるが、それは、授業目的にとってしばしば不十分なものであって、かえって悪さをしたりその他の仕方で教師を挑発したりするきっかけを与えるかもしれない。こうして、どの生徒も授業を混乱させたりその混乱を楽しんだりすることになる（前掲『社会の教育システム』一三八頁）。

生徒が授業を妨害することがあるが、単に教師との関係でそうしているのではなく、他の生徒の視線も意識しながらしているということである。例えば、教師をからかったりするのは、そうしたいからというだけではなく、他の生徒の受けを狙っている面もある。こうしたことの結果として、授業という「システムは、作動において閉鎖的であり、自己参照的に作動するものだから、内部構造の不定性と、もろもろの心的システムによる観察の〈有り余る可能性〉を生む。それらの観察可能性は、参加者が少数であってもすでに統合不可能であり、まして社会的な作動によって、つまりコミュニケーションによって管理できない」（前掲『社会の教育システム』一三九頁）。つまり授業という相互作用システムは自ら不確かさを生み出していくシステムであり、「どの参加者も、ましてコミュニケーション自体も、今目の前で起こっていることを認識できない」*。

＊――コミュニケーションが認識するというのは奇妙な表現のようであるが、ルーマンによれば、知覚することすべてを私たちは処理できないので、選択しなければならない。そして、知覚の選択（何を認識として取り入れるかの選択）は、意識ではなく、コミュニケーションによってなされている。それゆえ、知覚ないし知識の帰属先は、意識というよりコミュニケーションなのである（ルーマン前掲書、『社会の科学1』の第一章「意識とコミュニケーション」）。

むろん、教師にとっても同様である。教師にとって起こることすべてが見えているなら、かれらは（あまりにも複雑な）状況を概観し、管理していくことなどできないであろう（『社会の教育システム』同前）。

生徒たちは、一人ひとりが授業内容の理解度も参加度も異なる。そして、授業以外のことを考えたりしたりしている。さらに、互いに知覚し合い、作用し合っている。そのようなことがすべて分かったとしたら、一人の人間である教師にいったい何ができるだろうかということである。

判断には情報の排除が必要

最後の点について、ルーマン社会学の基本視点であり、学力論にも関連することなので、注を加えたい。ルーマン社会学では、他の研究者がルーマン社会学についてそのことを指摘しているものを見たことがないが、人間は情報を縮減しなければ周囲の状況を理解できない、ということが前提となっている。第1節で、細胞のオートポイエーシスについて述べたことは、生物一般に当てはまるのである。当然、人間についても当てはまる。人間にとっても環境は、無数の差異に満ち溢れ、複雑すぎるので、その差異のごく一部だけを情報として受け止め、それによって全体が分かったことにして、分かった範囲で必要と思われる判断をしている。環境の複雑性と情報処理能力の圧倒的な落差は解決できない矛盾であり、それを何とか実践的に解決するためには、情報の縮減ということが不可欠なのである。

まず、環境にある無数の差異のうち、ごく一部だけが知覚される（情報になる）。「目に見えるものや耳に聞こえる音は物理的に存在しうる帯域のほんの一部にすぎないが、それが複雑な神経生理学的システムを構築するための条件」（ルーマン前掲書、『社会の科学1』二〇〇九年、三〇頁）なのである。例えば、目に見える電磁波（可視光線）は波長四〇〇～七〇〇ナノメートルの範囲だけであり、それ以外の、電波からガンマ線に至る膨大な領域の電磁波は見えない。しかし、このことは欠陥ではない。他の電磁波も見えたら、同じものが見えたり見えなかったりして、わけの分からないことになるであろう。屈折率等の性質がほぼ同じ範囲の電磁波だけに視覚細胞が反応するということが、私たちが物が見えるためには必要なのである。私たちが、一つの光景を見て、そこに統一性や美しさを感じることができるのは、私たちに見える電磁波が限られているからこそなのである。

さらに、知覚された情報もそのごく一部だけが意識的に処理される。そうしなければ、判断ということができないのである。情報の排除なしには判断ができないということは、人間観の根本にかかわる大きなテーマであり、様々な分野の研究が同一の結論に達している。どれも興味深いものであるが、記述が横道に逸れすぎないように、ここではその一部について紹介しよう。

トール・ノーレットランダーシュによれば、意識は感覚器官が得る情報のごくわずかしか処理できない（柴田裕之訳『ユーザー・イリュージョン――意識という幻想』紀伊國屋書店、二〇〇二年）。例えば視覚の総帯域幅（知覚される情報量）は、一秒につき一千万ビット。それに対し意識の帯域幅（意識的に処理できる情報量）は、一秒につき四〇ビットしかない。私たちが素晴らしい景色に圧倒されている状態というのは、今見えている豊かな情報のごく一部しか意識的に処理できていない、と感じている状態のことである。同じ数字が、触覚では一〇〇万ビットと五ビット、聴覚では一〇万ビットと三〇ビット、嗅覚では一〇万ビットと一ビット、味覚では千ビットと一ビットである（同書、一八二頁）。つまり、どの感覚においても、意識される前に、ということは意識のコントロールなしに、大量の情報が処分され、ごく一部だけが意識されているのである。しかし、処分された情報がまったく無意味かというと、そういうことはないのであるが、その詳細について述べ始めると、横道に逸れすぎるので、省略する。

脳神経科学者のアントニオ・ダマシオのソーマティック・マーカー仮説（田中三彦訳『デカルトの誤り──情動、理性、人間の脳』ちくま学芸文庫、二〇一〇年）は、体が余分な選択肢を排除することによって、人間はすばやく、ほぼ適切な判断ができるようになっているというものである。人間が人間的と言える重要な判断をしているのは大脳の前頭前野（ほぼ額の内側の部分）であるが、ここには、脳の他の部分がしていることの情報と、それに対する体の反応の情報が届いている。日常生活においても数多くの選択肢から一つを選ばなければならない状況に出会うことがしばしばあるが、そうなった時、論理だけでは決定できない。なぜなら、選択肢は無数にあり、それぞれに選ぶ理由と捨てる理由が無数にあるので、一つひとつ検討していったら無限に時間がかかってしまう。従って、何らかの方法で選択肢を削減しなければならない。それを体がしている、というのである。脳で特定の選択肢がイメージされると、それに対して体が反応する。それは、ほとんどの選択肢を排除する。いわゆる理性は、残った少数の選択肢の中から選ぶ。普通の人は、そうしているために、比較的短時間にほぼ適切な判断ができる。ところが、前頭前野に障害があると、選択肢のイメージと体の反応を統合できない。そのために、余分な選択肢を排除できなくなり、判断ができなくなる。あるいは、まったく非常識な判断をしてしまう。体（ソーマ）が、選択肢を評価する（＝マーカー）という形で、脳の判断に関与しているのである。

また、情報の排除ができない人工知能が判断できないことは、フレーム問題として知られている（J・マッカーシー／P・J・ヘイズ／松原仁、三浦謙訳『人工知能になぜ哲学が必要か――フレーム問題の発端と展開』哲学書房、一九九〇年。柴田正良「ロボットがフレーム問題に悩まなくなる日」信原幸弘編『心の哲学Ⅱ』勁草書房、二〇〇四年）。人間には多くの情報を、判断に必要ないものとして自動的に排除するフレームがあるが、人工知能にはそれがない。そのために、予め設定されていない状況で判断を求められても、あらゆる情報を等価と見なしてしまうため、無限の時間がかかり、判断できないのである。このフレームは生きていることからにじみ出てくる欲求との関わりで構成されているので、生命をもたない人工知能にはフレーム問題は解決不可能であろう。論文の最後で、柴田は次のように言っている。

フレーム問題を解決する手立ても、自然知性の仕組みの中に見出されるべきだろう……自然知性においては、計算システムに介入する、あるいは計算システムを制御する計算以外の何らかの（生存のための）メカニズムがフレーム問題を解決しているのではないか、という選択肢を真剣に受け止めるということなのである。そのメカニズムを感情に求めるのは、今やそう奇異なことではなかろう（『心の哲学Ⅱ』一六四頁）。

ダマシオも、体からの反応は感情として伝えられると述べている。しかし、人工知能に感情を持たせることは不可能であろう。感情とはまさに、生きているからこそ感じられるものであるから。その感情があるからこそ人間は判断ができるのだ。そうなると、感情は理性の正常な働きを阻害するものと考えられることが多いが、それは誤りだ、ということになる。浅いレベルでは理性と感情が対立しているように見えることがあるが、深いレベルでは、すべての理性の作用を感情が支えているのである。つまり、感情と対立しているように見える理性を支えている感情もあるのである。

ともあれ、判断には情報の排除が必要だということは、今や常識といって良いと思われる。人間は、外界の差異のごく一部を知覚し、さらにそのごく一部を意識しているのである。そして、「この外部接触の極度の縮減は、刺激の氾濫を防ぐために必要」（ルーマン前掲書、『社会の科学1』三四頁）なのである。つまり、情報が多くなるほど判断が的確になるわけではない。しかしこのことは、教育関係者には知られていないようである。未だに、情報をたくさん蓄えるほど判断は確かなものになると考えている。もっとも最近では、「人的資本」の内容が、「獲得される知識のストックから、知識獲得のためのスキルへと変わりつつある」（苅谷剛彦『学力と階層』朝日文庫、二〇一二年、二一頁）といった言い方がなされるが、「獲得」がキーワードになっているのだから、同じことである。

前節の最後の方で述べたことを別の形で表現することになるが、心理システムが環境についての情報を次第に増やしていくと最後にはすべてを知ることになる、ということなら話は別であるが、それはありえないということを前述の諸研究は明らかにしているのである。心理システムは環境にある無数の差異のごく一部しか情報として受け止めることしかできず、情報として取り入れる差異と無視する差異の量の差は圧倒的で、取り入れた情報量が多い少ないと言ったところで、無視した差異の量に比べれば問題にならないほどわずかである。世界を有りのままに見ていると自信を持っている人がいるが、そういう自信を持てるのは、自分に見えていない圧倒的な部分が見えないからにすぎない。ところが、学校では、より多くの知識を蓄えれば自分の考え方に自信を持てるようになるはずだ、という前提のもと教育がなされている。尤も、この前提を捨ててしまったらそもそも教育が成立するか、と懸念する人もいるであろう。これは難しい問題で、改めてきちんと考えてみなければならないことだが、前節の最後に望ましい能力として述べたものを前提にすれば教育は成立する、と一応答えておきたい。

複雑な仕事と単純な評価の矛盾

このようにどんなことであれその全貌を知ることはできないのであるが、授業のように複雑なものはとりわけそうである。これを官僚制的に管理すること、つまり下からの報告に基づいてその良し悪しをチェックすることは、とてもできることではない。しかし、教育行政の担当者には、そうは見えないようである。下から上がってきた情報（無数の差異のごく一部が情報となり、そのごく一部が意識され、さらにそのごく一部が報告される）を基本にものごとを判断するということが、習慣化しているためであろう。組織の内部だけが彼らの世界なのだ。この点では、彼らに見えている世界は、一般の教師より狭い。だから、彼らの指示は、一般的、抽象的になるのである。指示される方にとっては、言葉としてはすでに知っていることを大まじめに指示する。しかし、それを具体化しようとすると様々な要因が絡んできて、指示通りにはいかないから、悩んでいるのである。そういうことに気付かないから、気付いても配慮しないから、上から指示する者は自信たっぷりなのである。一般の教師は、子供や父母という、官僚制組織の外部の存在と接触せざるをえない。だから、抽象的に正しいことがそのまま通用するわけではない、ということを実感している。教師の仕事のほとんどはそういうものである。教師の仕事は官僚制的な管理になじまない。おそらくは、管理というもの一般になじまないのであろう。

それを強引に管理しようとしているのであるが、そこから生ずる矛盾の現れの一つが、報告文書の膨大化である。教師は、報告文書を書くのに忙しく、子供と向き合う時間が取れないという本末転倒なことが起きている。ある公立中学校で教師の仕事を参与観察した結果が、次のようにまとめられている。六〇年代から七〇年代にかけて学校の官僚制化が進み、（教師から見て）不必要な文書事務が多くなり、それがバーンアウトに繋がっているというのである。

> 教師が子供に直接かかわる時間が減り、専門職としての誇りややり甲斐を見出せなくなってきている。このことが、切れ目のない職務構造と合わさった時、初めて単なる疲れではなく、バーンアウトにつながるような「教師の疲弊」につながっていくのではないかと考えられる。文部科学省→教育委員会→学校（管理職）→教員という指示・命令系統、職階制の下で、次々に生じる新たな課題と、それに伴う文書作成が教師を疲弊に導く要因の一端を担っている（落合美貴子『バーンアウトのエスノグラフィー――教師・精神科看護師の疲弊』ミネルヴァ書房、二〇〇九年、六八～九頁）。

何のためにこのようなことがなされているかというと、教師のためでも子供のためでもない。官僚制の原理を貫徹するためである。官僚制的組織においては、組織の原理を貫徹させる力が最も強力に作用する。その現れの一つが文書の煩雑化である。その他様々な形で教師の行動は制約される。教師が官僚制的に統制されていることを無視して、学校のあり方について語ることはできないのである。

しかし、どのような問題が生じたとしても、官僚制組織は組織の原理を貫徹しようとする。自らの原理によって問題が生じたとしても、同じ原理で問題に対応しようとするのである。下から報告されたことだけを事実として確認し、それを根拠に判断をするしかないので、管理すべきと見なされたことはすべて報告させようとする。授業についても同じである。だが、もし授業で起きていることをすべて報告させようとすると、最低でも授業時間と同じだけの時間はかかるであろう。しかし、それだけ時間をかけても、前述のように教師にも見えていない部分がたくさんあるのだから、すべてと言うには遠い。たとえビデオを撮ったとしても、ビデオは教室で起きていることの一部をクローズアップするだけであり、全体を記録することはできない。ある研究者は、授業研究のために固定したビデオと焦点を合わせるべきところを記録するビデオの、二台を使っている。しかし、それでもやはり、教室で起きていることの一部しか記録できない。要するに、授業中に起きていることをすべて報告することは、何重にも不可能なのである。そして、万が一すべての事実が報告されたとしたら、誰がそれについて評価するのだろうか。一人の校長が、教師全員の授業を評価することになっているが、物理的にも不可能である。

ところが、他方で、評価には、それによって待遇を変えるという目的がある。そのためには、評価は一元的なものでなければならない。授業は複雑なものであり、そもそも評価になじまない、ましてや一元的な評価にはなじまない。にもかかわらず、評価の目的からは、一元的に評価することが要請されるのである。例えば、東京都では、二〇〇〇年に教員に対する人事考課制度が導入されたが、〇七年度には、それまでの五段階評価を四段階に変えた。五段階だとどうしても真中が多くなってしまうので、良いか悪いかはっきりさせろということである。実質的に、すべての教員を、一元的どころか、二分法で分類していることになる。そうすると人材育成と処遇への的確な反映が可能になるということになっているが、随分乱暴な話である。教育委員会による教師のいじめ、と言うべきことではないだろうか。

このように、教師の仕事が複雑である一方で、評価には単純化するように圧力が加わる。この矛盾は解消できない。そこで、矛盾を顕在化させない（＝あまり意識させない）工夫が必要となる。それは、マイナスのチェックを基本にすることである。はっきりとマイナスと言えることだけをチェックしていれば、あまり判断の違いによる問題は起きない。評価者と被評価者の判断の違いによる対立が表面化することは少なくなる（基本的にということであって、実際には下からは恣意的に見える場合が多々ある）。そこで、校長（教育委員会に評価・管理されている）を含め、教師の行動原理は、マイナスの評価を受けないこと、そのためにできるだけ新しいことはしない、というものになる。

マイナスのチェックを受けないということを行動原理としているから、何か事件が起きると、責任回避と見なされる行動が目立つことになるのである。事件が起きそうだという兆候があった時に、何も起きないこと、起きたとしてもなるべく穏便に済ますこと、つまり、自分が責任を取らされるようにならないことを願って行動するからである。事態を徹底的に明らかにして必要な行動を取るということよりも、何事もなく収めることを第一にして行動するので、事件が明らかになってからそれまでの経過を振り返ると、やるべきことをやっていなかったように見えることがたくさん出てくるのである。いじめなどの事件が起きた時、学校や教育委員会の対応が無責任だと批判されることが多いが、彼らは無責任なのではない。責任を取らされないことを第一にして行動しているから、そう見えるのである。彼らが無責任に見えるのは、責任のことを考えないからではなく、責任のことしか考えないからである。そして、そのように考え行動するように、官僚制的な組織は日々訓練しているのである。

モンスター・ペアレントと言われる現象が最近話題になることが多いが、これも、官僚制的な組織の行動原理と関連している。この節の最初に、児童・生徒は学校の構成員ではなく利用者にすぎないことになっていると述べたが、親は利用者ですらない。完全に学校の外部の存在である。そして、そのことを前提に、学校は親に対応してきた。一般に組織の行動パタンを身につけた者は、組織外の人間に対しても組織内と同じパタンの関係を作ろうとするが、教師は親に対しても学校内の上下関係と同じパタンで対応してきた。当然、学校のことを良く知っている教師が上で親が下ということになる。そして、官僚制においては、上位者がすべて正しく、下位者はその指示に従って行動しなければならないことになっているので、下位者が、よく分からないところがあっても、上位者の意図を良きように忖度することで、組織はスムーズに運営される（もちろん、このことは、その組織がしていることが全体として望ましいかどうかとは別次元のことである)。教師と親との関係もそうだった。

教育界では、暗黙のうちに教育方針が正しいことを前提に指導するために、保護者・地域住民の意見・苦情を聞くという発想自体があまりなかった。そしてこの意見・苦情に対しては、学校は「保護者・地域住民の姿勢に問題がある」とか、「保護者・地域住民が教育の内容を分かっていない」という姿勢で臨む場合が多い(玉井前掲書、一四六頁)。

親の方は、子供を人質に取られているという意識もあり、学校に強いことは言えなかった。学校の対応に不満があっても、それなりの事情があるのだろうと忖度していた。ところが最近は、学校にあまり期待せず、そのため、そういう忖度をしない親が多くなった。そして、相当に無理な要求を押し通そうとする。そうなると、官僚制的組織はうまく対応できないのである。親の自主規制を当てにしてきたのに、自主規制をしようとしないからである。そのため、パニックのようになり、普通の常識さえあれば拒否できることまで受け入れて、なだめようとすることがある。そのように学校が弱みを見せると、モンスター・ペアレントと言われている人々はさらに付込み、要求をエスカレートさせる。こうして解決の目処が立たなくなることがある。つまり、モンスター・ペアレントは、学校の体質との関連で出現するのであり、これまで学校がモンスターのように親の要求を潰してきたことの裏返しなのである。

二〇〇三年に福岡市の公立小学校で、曾祖父がアメリカ人だということを知ったとたんに、担任の教師がその子に対して陰湿な体罰を始めた、ということが報道された。当の教師は体罰をしたという自覚はなかったが、校長は、事実を調べようともせず、強圧的に体罰をしたと認めさせ、その教師に両親に謝罪させた。しかし、それでは両親の怒りは収まらなかった。要求はますますエスカレートして、教師を停職にまで追い込んだ。しかし、その後明らかになったことは、すべては両親の妄想と嘘だということだった。最初に、校長がまず事実を明らかにするという方針で臨めば、このような事態にはならなかったはずである（福田ますみ『でっちあげ――福岡「殺人教師事件」の真相』新潮社、二〇〇七年）。

この場合もそうだが、親が学校の不手際を指摘した際に、校長が取る典型的な対応がある。それは、理由はともかく該当する教師に謝罪させ、それで決着を着けようとするものである。そのことの効果はただ、校長が指導責任を果たした、という形を作ることだけである。前述の事件の校長は、取材の最後に、「わが校の職員全員が、川上先生があんなひどいことしたとは思っていませんよ」、ともらしたそうである。ところが公的な場では、「体罰はありました」としか言わなかったのだ。それが、両親の、陰湿な体罰をしたという主張の根拠になっているにもかかわらず、である。そして、最初から、とにかく担任の教師に謝罪させることで事態を収拾しようとしたのだ。その結果、事態は険悪化していった。言うまでもないことだが、謝罪する必要のないことで謝罪させても、事態は何ら解決しない。親を付け上らせるだけではなく、時には、理由も分からず謝罪させられた教師を自殺にまでに追い込むこともある（久冨善之／佐藤博『新採教師はなぜ追いつめられたか』高文研、二〇一〇年）。校長の、自分が責任を取らされるようにならないことを第一にした行動が、事態の合理的な解決の可能性を狭め、潰しているのである。しかし、そのような行動パタンは、事件が外部に漏れさえしなければ、学校という組織に適合的なのである。

官僚制的に、授業を始めとする教師の仕事を管理することは難しいということに戻る。教師が上からの指示、命令に従ったかどうかを、厳密に点検することはできないのである。どうしても曖昧な部分が生まれてしまうが、そこは経験的に適当に処理されている。しかし、すべてがそうであっては、組織としての示しがつかない。上位者は、指示に従ったかどうか厳密に判定できるものが欲しい。そうした目的のために好都合なのが日の丸・君が代である。日の丸を掲揚したかどうか、君が代を歌ったかどうかは、デジタル的にはっきりと分かる。アナログ的な曖昧な部分がない。これを使って、教師に、組織の命令には絶対に服従しなければならないことを弁えさせようとしているのではないだろうか。日の丸・君が代は愛国心教育との関連だけで議論されているが、組織の示しを付けるという面もあるように思われる。こういったことは文書にするようなことではないので、私の推測にすぎないが、日の丸・君が代をあれほど厳格に実施させようとする心理の奥には、これだけは組織の論理を目に見えるものにしようという意志があるように思われる。あんなものを処分の脅しで強制したところで、愛国心が高まるとは、推進している当人も含めて、誰も思っていないであろう。それなのに、実際に声を出して歌っているかどうかを確認する「口元チェック」までなされている。そんなことをされていると知ったら、子供たちは教師を、教師としてというより一人前の大人として尊敬できるだろうか。こうしたマイナスの効果も考えると、あれほど強硬に推進する理由は愛国心だけではなく、組織の論理を徹底するためでもある、と考えたくなる。そして、実際に、日の丸・君が代が強行されてから、教師は上からの指示を批判しなくなっている。一度、文科省でこれを中心になって推進している人に、聞いてみたいものである。

望ましい管理について

ここまで、現在の教員組織の問題について、管理のあり方を中心に述べてきたのであるが、問題があるとしても、近代学校のような巨大な組織を、官僚制以外のどのような組織原理で管理するかとなると、結構難しいのである。それに、プラス面もないわけではない。例えば、少なくとも現在の日本では、学校が官僚制的に管理されることで、全国民に一定水準以上の教育を確保する、ということが可能になっている。そして、しばしば建前にすぎないことがあるとしても、子供のために教育がなされていることになっている。そのために、そうした建前との齟齬があると見なしうる場合には、建前を楯に問題があると指摘できるのであり、それに対し学校は、それなりの対応をせざるをえない。そうしないと、組織を正当化することができなくなってしまうからである。

シュタイナー（Rudolf Steiner, 1861-1925. ドイツの思想家・社会改革運動指導者）の思想を基盤としたシュタイナー学校では校長を置かない。そういうことが可能であれば、一つの理想の解決策かもしれない。しかし、全国レベルでそういうやり方が可能とは思えない。というのは、シュタイナー学校の教師は、校長がいなくても、授業内容を自分で構成する等、責任ある行動を取れるような特別の訓練がなされているからである。そのような訓練をすべての教師に与えることは困難であろう。おそらく、全国的には、官僚制的な原理を基本にしながら、そのところどころに風穴を開けるということしかないのではないだろうか。ある程度の上からの管理の必要性を認めたうえで、問題が生じた場合、つまり、上からの指示に従えないといった状況になった時、規則を守らせるという一点だけでは解決しないということである。理想的な組織、管理はありえないということを前提に、問題点に気が付けば、組織のあり方を考える良い機会と考え、できるだけ合理的な解決法を考えていくというスタンスが必要なのだと思う。

しかし、現状は、そんな悠長なことを言っていられるようなものではない、という批判が聞こえてきそうである。けれども、これは原則的なことである。たまにはこういうことも考えてみる必要があるのではないだろうか。しかし、これだけだと不十分と感じるのも尤もである。そこで、バランスを取るために、官僚制と教育とは相容れないということを書いておこう。これも原則的なことではあるが。

二人の人間が何かについて争った場合、裸の人間どうしとして争うならば、基本的にその争いのテーマと関連する個人の力量が帰趨を決めるであろう。ところが、官僚制組織の中では両者の権限が帰趨を決めるのである。上位者は、こうしたいという意志を表明するだけで、物理的暴力を用いるよりはるかに効果的に下位者の行動をコントロールできる（「校長の一方的な意思表示があれば、校務分掌という法律関係を発生させる」伊藤和衛／佐々木渡『学校の経営管理』高陵社、一九七二年、永岡前掲書『校務分掌』からの再引用、一四頁）。もちろん権限の範囲は限定されているが、意志を持つだけで強制力を持ち、それに対する対抗手段がまったくないということは、人間関係においてかつてなかったことではないだろうか。昔の王などの支配者は好き勝手なことをやっていたと思われているが、彼らの権限は、より上位の権力によって保証されていなかったので（一応神から与えられたことになっていたが、現実には人間しかいないので）、意外に周囲の反応を気にしながら権力を行使していた。それはともかく、官僚制のような一方的な権力関係に教師が縛られていることは、教育という活動とは本質的に矛盾することであろう。なぜなら教育とは、子供の固有の生命力が、内側から湧いてくることを期待し、それをより豊かにするように援助する営みであるはずであり、その向う方向は予想できるようなものではない。しかるに、官僚制的な組織では、予測可能ということが最も重要であり、同じ地位にいる者は誰もが自分が望んでいることとは無関係に同じことをすることが期待されているのである。それゆえ、内側から湧いてくる力は基本的に必要としない。近代学校は、教育システムを官僚制的組織によって管理しようとしているのであるが、両者の作動の原理は本質的に相容れないのである。

働くことの意味の再発見

現在では、少なくとも日本の学校では、官僚制の原理が徹底され、それに対し教師はほとんど抵抗できないでいる。教師が自由に実践する余地はほとんどなくなっている。どうしてこんなことになってしまったのだろうか、そして、どうしたらよいのだろうか。本節の最後にこの点について、労働運動全体を視野に入れながら考えてみたい。

一九六〇年頃までは「働く者」という言葉は輝かしい響きを持っていた。それは体験した者でなければ分からないほどのものだった。ちなみに私は、六〇年に小学六年生であり、その前後までメーデーなどの労働組合が主催する集会に何度も父親に連れて行かれ、その度にそうした雰囲気を強く感じていた。働く者こそ社会の主人公であり、今はそうではないがやがてはそうなる、と信じられていた*。それは労働組合運動の高揚を背景にした見方であり、日本教職員組合はその重要な一翼を担っていた。

*——同じころ、民間教育運動では、労働ないし生産労働という言葉が同じように使われており、その重要さをどれだけ子供に納得させられるかが、教育の課題だと考えられていた。

しかし、当時の労働運動は、組織というものの在り方、管理の原理を問題にすることはなかった。というよりむしろそれを前提にして、その上で、人事などに関して労働組合の要求を通すとか大幅な賃上げを勝ち取るなどの、実質的利益を獲得することにのみ視野を狭めていた。管理の問題を考え始めると非常に複雑であり、組合員全員の統一的な理解を得られそうもないので、避けていたのであろう。労使関係については、非常に大雑把に捉え、今は労より使の方が強いが、労働組合が強くなればそのうち逆転するだろう、ぐらいに考えていた。それを決定するのは、組織の原理ではなく、力関係だと考えていたのである。もちろん、当時も使は労を管理する権限を持っていた。しかし、その権限を、運動の盛り上がりにより、ときどき弱めたり無力化することができたために、その意味をきちんと考えることを怠っていた。そして、たとえ特定の戦いに敗北しても、そうした考え方を見直すことはなかったのである。一九六〇年の三井三池闘争は、一三〇〇人におよぶ指名解雇と合理化に反対して、労働運動の側は全国総動員で戦ったが、敗北した。しかし、二〇〇〇年に大牟田で、二〇〇二年に東京で開催された当時の写真展の感想には、若者たちの表情の意外な明るさに心を打たれたというものが多かった。その理由を、写真展の主催者の一人であり、闘争の支援にも出かけた川上徹は、次のように述べている。

私自身もあの時期、あの現場のどこかで同じ空気を吸った体験があったから、人びとの笑顔の輝きを思い出すことができる。あの闘争は結局は敗北し、一三〇〇人の指名解雇は強行され、組合と労働運動全体が大きな痛手を負った。にも関《ママ》わらず、人々の表情には暗さが見られなかった。それは「いつかはわれわれが勝つ」と信じていたからだろう。まだ未来は信じられる、希望の灯まで消えたわけじゃない。たとえ敗北してもここで育まれた全国の連帯、ひろがりゆく友情の輪に希望がある。そう信じられた時代だった（『戦後左翼たちの誕生と衰亡』同時代社、二〇一四年、三三〜四頁）。

戦前からの労働運動の歴史を考えれば無理もないとはいえ、いかにも観念的だった。当時労働運動に参加した人の大半は、仲間を増やせば勝てる、自分たちの要求を通せるということだけ考えていて、労務管理の本質を考えるというようなことはなかったと思う。資本主義という体制も問題にされたが、この場合は逆で、「本質」だけを考えて、それ以上のことは考えようとはしなかった。「本質」だけ分かればよく必要なことはすべて分かったと思い、細かいことは今考えなくとも、革命さえ起こせば後は何とかなるだろうと考えている人が多かった。そして結局、労働組合のやることは、春闘という形にまとめられ、賃上げ闘争だけになっていった。それ以外のことは考えられなくなってしまったのである。その付けが今現れている。権限を盾に使が労に対する攻撃を強めても、労の方はほとんど抵抗できない。ブラック企業等の労働環境の悪化が社会問題とされている現在、職場の自由を少しでも確保すること、そのためにどれだけ官僚制の原理を無力化できるかは、今最も重大な問題の一つであろう。

　どうしたら良いかは私にもよく分からないが、考えるきっかけとして、「働く者」が排他的な言葉だったことに思いを致す必要があると思う。これには農民（に代表される第一次産業従事者）は含まれていなかったのだ。農民は、その頃は、社会学などでは特にそうだが、古い体質を持つ者として、もっぱら批判の対象だった。また、三井三池闘争でも、部落民は「川筋者」と呼ばれ、与論島出身者は「島んちゅ」と呼ばれ、対等な人間として扱われていなかったという（前掲『戦後左翼たちの誕生と衰亡』三八頁）。当時の労働運動は、差別に反対しながら、自分たちがしている差別には無自覚だったのだ。つまり、「働く者」という言葉で考えられていたのは、給与所得者（日常会話では、給料取りとか勤め人と言われていた）だけだったのであり、その中でも社会的な差別を受けていない人々だけだったのだ。言い換えれば、「働く者」の価値は、他のそうではない人々（資本家はもちろんだが、農民や部落民も含む）に対する差別意識があって初めて、確認されていたのである。だからこそ、給与所得者という存在の意味を、給与所得者であるということにのみ見出し、具体的な仕事の内容に即して考えることができなかったのであろう。労働の何が人間に価値をもたらすのかは、具体的作業に即して考えられてこなかったのだ。「働く者」というイメージは、それゆえ、内容空疎であり、その価値が貶められた時、抵抗の原理となるようなものではなかったのである。

そういうわけで、「働く者」が未来を担うと考えられていたころの労働観は大きな限界を持つものだった。それは今もなお克服されていないと思う。そこから脱却すること、第一次産業はもちろんあらゆる仕事について、働くことの意味を、具体的な作業に即してもう一度問い直すことが必要になっているのではないだろうか。それは、一人一人が自分がしている仕事の価値を、具体的に確認していくことである。そのように手の届く範囲で価値を発見することよってしか、突破口は見出せないように思われる。もちろん、あまりに劣悪な労働条件を早急に改善していくことは必要だが、そうした短期の対策と同時に、長期的な視野で労働の価値を再認識していくことが必要だと思われる。

教師の仕事に関して言えば、あらゆることが上からの指示、命令に従ってなされなければならないようになっているが、現状でも、そこに風穴を開けることは可能、と思われる。官僚的統制の基本は、事前にすべてを計画しその通り実行したか否かをチェックするということだが、前述のように授業は複雑で、事前に細部までは計画できない。そういう部分は必ずある。そこに教師の創意を発揮する余地があるのではないだろうか。そしてもし、少しでも創意を発揮できたなら、それは、教師という仕事の根源的な喜びをもたらすものであろう。自分が身につけた力が若い世代の力になるということは、人間にとって最大の喜びの一つであるのだから。そのような経験を出し合い、教師という仕事の意味を改めて確認し合うことが、今必要になっている。ある元小学校教師は、学校が、「学校スタンダード」と称するものを押し付けられて、教師たちを抑え込み、委縮させているとと述べながらも、教師のしごとは全面的には管理しえないとして、そこに希望を見出している。

ぼくは、困難に見える学校現場であっても、教室に子どもがいて、自由を求める教師がいれば、そこには必ず希望が実現できると確信しています。管理の厳しいところでも自由と管理はまだら模様であり、自由を少しでも広げる側に立っていくときに希望は実感できるということを語り合います（霜村三二「若者と友だちになる」『教育』二〇一四年八月号、かもがわ出版、二五〜六頁）。

教師の仕事に限らず、働くことは本来人間にとって価値を生み出すものであるはずである。そうだとしたら、本来楽しいものであるはずだ。そのようなものとしての労働を、今、ここで実現すること、たとえ小さいものであってもそれを自ら創造し、豊かにしていくことが、何よりも必要になっている。このような提言は、現在労働者がおかれている状況からすれば空想的なものに思えるかもしれないが、それのみが、現在の閉塞状況を突破していく力になると思う。大理論による変革はありそうもない。等身大の変革を積み重ねるしかない。しかし、それが大きな変革をもたらすかもしれない。

5　子供集団としての近代学校

集団と秩序

学校はまた、子供集団でもある。これも当たり前のことを言っているのではなく、子供集団も、独自のダイナミクスを持って作動し、学校のあり方に影響を及ぼしているということである。それは、全体が一つのシステムと言えるほど統一されてはいないが、本書の考察の範囲では、そう見なしても差支えないであろう。学校の作動を規定する層の四番目として、子供集団について考えてみよう。

ところで、学校の子供集団のような集団は、歴史上初めて、近代学校とともに出現したのである。地域の子供全員が、毎日何時間も一カ所に集まるということはそれまでなかった。その子供たちのざわめきは、人工的な音のない静かな生活を営んでいた当時の村人にとって、幻聴を引き起こすほど大きなものだった。

……全国一様に深夜狸が汽車の音を真似て、鉄道の上を走るという話があった。それは必ず開通の後間もなくのことであった。また新たに小学校が設置せられると、やはり夜分に何物かが、その子供らのどよめきの音を真似るといった（柳田國男『明治大正史世相編上』講談社学術文庫、一九七六年、五三頁)。

人間の耳が本来どれほど繊細なものであるかを考えさせるエピソードでもあるが、小学校のようにたくさんの子供が常時集まるということは、人間にとって、初めての経験だったのである。もちろん、授業を効率良く進めるためだが、集められた子供たちは、独自の相互作用をし、独自の、そしておそらく、史上初めての秩序を作り出した。そういったことは、学校を設立した時には、おそらく誰も予想していなかったであろう。しかし、大勢の人間が相互作用すると、必ず何らかの秩序が形成されるのである。秩序がない状態というのは、何をしてもいいということであるが、すぐ後で述べるように、そういう選択肢に制約がない状態では却って動きが取れなくなるのである。そのため、たいていは速やかに可能な行動のパタンが類型化され、選択肢は大幅に縮減される。それがその集団の秩序である。

八〇年代のいじめ研究

子供集団のダイナミクスは、学校ができた頃から、授業が教師の意図通りには展開しないといったこと等で注目されていただろうが、それほど重要なものとは見なされなかった。注目されるようになったきっかけの一つは、いじめ問題の深刻化であろう。いじめが良くないということは、誰も言葉では分かっている。というか、言葉の上でもそれを否定する者はいない*。しかし、なくならない。なぜだろうかと追究していくと、子供集団が秩序を作るに当たって、いじめのようなことが必要らしいということが分かってきた。それはつまり、いじめる側にもそれなりの事情があるということである。

＊——いじめている子供も、たいていはいじめていることを否定する。つまり、いじめをしてはならないということは自覚している。ただ、自分がしていることがいじめだとは思っていないだけだ。

何も秩序がない状態では、純粋なダブル・コンティンジェンシー＊が生じやすい。どんなことでもいいから、何かきっかけがあれば、そこから互いに探りを入れながらコミュニケーションが成立して、ダブル・コンティンジェンシーは解消されていくのだが（このことをルーマンは「ノイズからの秩序」と表現する。前掲『社会システム理論』上、一六二頁。もちろん、対等なコミュニケーションである必然性はない）、行動を起こそうとするたびにそうしなければならないということは、大きな精神的負担である。そこで、何でもいいから秩序が成立することを望むようになる。

＊——ルーマンの用語で、「二重の偶発性」と訳される。互いに、自分の行動に対し相手がどう出るか分からないので、動き出せない状況（前掲『社会システム理論上』第三章）。安富歩は「両すくみ」と表現している。『複雑さを生きる——和らかな制御』岩波書店、二〇〇六年、七二頁。

中学や高校の教師がよく使う言葉に、「黄金の三日間」というものがある。それは入学式からの三日間のことで、まだ子供集団の秩序ができていないのである。そのため、子供たちは一人一人が孤立している。そうすると、教師と子供の関係は、一対一の関係になる。そういう場合は、純粋に両者の力量の差が作用するので、思い通りの教師の指導が入る。その後では（つまり、三日あれば）、子供集団の秩序ができてしまい、それをバックにして教師に対抗するので、そうはいかないのである。

そうした子供集団の自発的な秩序が、いじめを誘発しているのではないかということが問題にされた。一時は、いじめは日本独特のものという議論があったが、そうではなく、もっと普遍的なものだということだ。現在では、いじめは世界中どこにでもある、ということは共通認識となっている（例えば、日本比較教育学会編『比較教育学研究』四七「特集、各国におけるいじめと体罰」東信堂、二〇一三年、等）。

子供集団の秩序形成の論理が議論され始めた一九八〇年代には、秩序確立の基本は集団から一人が排除されることである、と言われた。排除される方向は上でも下でもよい。上ならばリーダーとなり、集団行動に都合がいい場合もある。下ならばいじめの対象となる可能性が大きい。下方に排除されること自体がいじめだ、とも言える。その時、それが秩序と呼びうるものであるためには、全員一致であることが重要である。「全員一致の、排除のための暴力をこそいじめとよぶ」（赤坂憲雄『排除の現象学』洋泉社、一九八六年、三七頁）、と言われた。一人が排除されることによって、集団の秩序が生まれる。排除されるのは誰でもよい。誰かが排除され（いじめられ）ている限り、自分は安心である。もし注意でもしたら、自分がいじめの対象になりかねない。いじめられている子供がいる限り、自分がいじめられることはない。だから、誰も止めようとはしない。こうして止処なくいじめは続く。

これが八〇年代の認識の基本だった。当時は、ルネ・ジラールの「身代わりの犠牲」論とか（古田幸男訳『暴力と聖なるもの』法政大学出版局、一九八二年、等）、今村仁司の「第三項排除」論（『暴力のオントロギー』勁草書房、一九八二年、等）など、排除ということは人間の本質であり、秩序形成には不可欠であるという議論が盛んだった。それは、経験的には、その場にいない人の悪口を言うと会話が盛り上がるといったことから、戦争を始めると国民が一体化するといったことまで、納得する事例が多いので、その意味で分かりやすい議論だった。しかし、排除という言葉が象徴的な意味を持たされ、すべてを説明するかのように使われ、それ以上具体的に分析されることは少なかった。いじめについても、すべてが排除の一言で説明されてしまった。その意味で限界はあったが、子供が集団を形成する論理が、いわゆる子供らしさという言葉でイメージされるような牧歌的なものではなく、いじめを誘発する可能性を内在させたものであることは確認された。それは、貴重な成果だった。

〇〇年代のいじめ研究

しかし、二〇〇〇年代には、排除の具体的形態、どういう理屈（状況）でいじめる側がいじめを正当化しているかについての分析も、精緻になっている。例えば、内藤朝雄は、「中間集団全体主義」を問題にする。それは特に、「戦時中に近隣関係が組織化され、公に献身する共同体様式が強制された時、潜在化していた妬みや悪意が解き放たれた」（『いじめの社会理論――その生態学的秩序の生成と解体』柏書房、二〇〇一年、一五頁）時に顕在化した。普段は卑屈な人が、突然公を代表するかのように錯覚し、威張り散らし、弱者に理不尽な要求をするといったことが、各地に生じたのである。同様のことが、今学校で起きている。というのは、「日本の学校は若い人たちに共同体を強制する、心理的過密飼育の檻」

であり、そのために、偶然集められた子供たちが、中には肌が合わない者がいるのは当然なのに、一日中べたべたすることを強いられているからである、と言う。さらに、『いじめの構造――なぜ人が怪物になるのか』（講談社現代新書、二〇〇九年）では、いじめを、「実効的に遂行された嗜虐的関与」、最狭義には、その前に、「社会状況に構造的に埋め込まれた仕方で、かつ集合性を当事者が体験するような仕方で」、が加わると定義し、いじめる者といじめられる者の心理（的関係）を、破壊神と崩れ落ちる生贄、主人と奴婢、遊びたわむれる神とその玩具等として類型化し、具体例を挙げながら、説明している。いじめる者といじめられる者の心理を、両者の相互作用として分析している点が優れている。事例の紹介は省略するが、納得させられることが多い。

さらに、現在では、いじめ以前に、教室内に地位の差ができていることも指摘されている（鈴木翔／本田由紀解説『教室内《スクール》カースト』光文社新書、二〇一二年）。どこでも、上中下の三段階になるようである。だが、ここでは、それ以上に重要なこととして、この「いじめの培地であるスクールカーストの維持に教師が加担してしまっている」（同書、三〇二頁）、ということを指摘しておきたい。なぜそう言えるかというと、スクールカーストを「生徒はそれを権力と感じ、教師はそれを能力と解釈している」（同書、三〇三頁）、ということがあるからである。教師のそのような解釈は、「地位の上下に対して正当性の裏付けを与えるように働く」（同前）。そして教師は、上位のカーストのリーダーシップを利用してクラスをまとめるなどのことがあり、そうした行為を通して、カーストは能力の差による当然の秩序だと自分は認知しているということを、子供たちに伝えているのである。教師にとって、子供たちを操作できるということがアイデンティティの核であり、それに利用できるものは何でも利用する傾向がある。そのために、生徒の操作に利用できるものについては、そのこと自体の是非についての判断は、できない場合が多いようである。

いわば、教師がいじめを助長しているのである。いじめによる事件が起きると、いじめを防ぐために教師は何をしなければならないかが議論されるが、そうした議論に欠けていることの一つは、教師自身がいじめに加担していることもあるということの認識である。あたかも教師はいじめと無関係であるかのように話が進むが、それは、今述べた類のことや前述の秩序成立のために排除が必要だということは人間にとって普遍的現象だということを考えれば、人間についてきわめて一面的な認識であり、そのことへの配慮がない議論からは有意義な対策は出てこないであろう。

いじめ対策の理論

さらに、いじめは子供たちだけの問題ではない。いじめは社会全体に蔓延している（安富歩前掲書、『複雑さを生きる』、金子雅臣『職場いじめ――あなたの上司はなぜ切れる』平凡社新書、二〇〇七年、笹山尚人『ヒトが壊れていく職場』光文社新書、二〇〇八年、等）のである。ジラールや今村の考察が明らかにしたように、人間が複数集まると、何らかの秩序が必要となり、秩序を形成する過程で、いじめのような現象がどうしても生じてしまう。このことは、経済システムや政治システムによって押し付けられた、現在のあまりに不当な格差や劣悪な労働条件を正当化する議論とはまったく別次元の問題であるが、いじめは人間の本性の現れとも言えるのである。少なくとも、人間性のかなり深いところから生じているものであり、表面的な対策によってなくせるようなものではない。少なくとも当面は、いじめは根絶できないのである。いじめ対策を考えるには、この点を踏まえる必要があるように思われる。

いじめ対策について、まず理論的に考えてみよう。そのために、いじめについて現在最も深い分析をしていると思われる、内藤の提言を叩き台にする。内藤の、いじめの抜本的解決のための方策は、「自由な社会の構想」は、多種多様な相容れない生のスタイルを生きる人々が、「なかよく」しなくても共存できるようにすべきだということが基本である（前掲『いじめの社会理論』二六五頁）。そして、その観点から、「現行の学校制度を廃止して、街に林立する教習所型の学習サポート団体をチケットを使って自由に選択する仕組みにする」ことを提唱する（同書、二七九頁）。

これは、彼の優れたいじめ分析から、ほぼ論理必然的に出てくる提言で、傾聴すべきものである。以下に述べる理由で、そのまま採用すべきだとは考えないが、いじめ対策を考える場合に、常に頭の隅に入れておくべきことであろう。そのまま採用すべきでない理由は、四つある。一つは、人間が、いじめなしでも秩序を作れる、と想定していることである。それは、すぐ後に述べる、「いじめは絶対に許せない」という発想の者が前提にしているのと同様の、狭い人間観のように思われる。ただし、内藤自身は、いじめが「人類の歴史上のあらゆる時代、あらゆる地域に当てはまる普遍的な現象である」ことに気づいている（前掲『いじめの構造』二六四頁）。しかし、それにもかかわらず彼は、「それを抑止する方法を作りだすこともできるはずだ」と考えている（同書、二六五頁）のである。人間（いじめ）の本質についての見方が、ぎりぎりのところで、少し浅いのではないだろうか。第二は、学校を単に学習する場（教育システム）と捉えていることである。学校はしかし、選別システムでもある。その機能を果たすためには、現存の学校のようなある程度硬い枠があって、子供の行動をコントロールしていることが必要である。また、教師についてもある程度の管理は必要であり、それが「街に林立」するような形態で可能とは思われない。第三は、第二と共通のことだが、学校を子供集団という側面、しかもその負の側面でしか捉えていないということである。だが、学校はいくつもの層が重なった存在である。一つの層をどうするかという観点だけから、学校全体の改革を論ずるべきではない。このように、複眼的に見られるということが、本書の主張である、学校をいくつもの層の重なりと見ることの、効果の一つである。また、以下でも述べるように、子供集団には肯定すべき面もある。

最後は、相容れない生のスタイルを生きる人々と共に生活する経験、そうした人々と形の上だけでも仲良くするという経験は、大事に至らないならば、人生経験として貴重なものだということである。それは、内藤の提案にあるように、気の合う仲間とだけ一緒にいるよりも、豊かな経験となるのではないだろうか。そう考える論拠となる証言を一つ紹介しよう。

クラスの人数が多いと、たとえ自分と合わない子がいたとしても、関わらないことで直接の接触を避けることができます。ところが少人数のクラスでは（紹介されているのは、二〇〇四年に大阪府箕面市に誕生したオルタナティブ・スクール「わくわく子ども学校」で、一クラスの人数は一〇人前後）、その子と接触しないわけにはいきません。このことは子どもにストレスをかけるし、トラブルが起こりやすくなります。しかし、それが悪いかというと必ずしもそうではありません。自分と合わない人とどうやって付き合っていくのか、相手に自分の気持ちをどう伝えればいいのか真剣に考えることになります。……その一つひとつの積み重ねによって、相手の意見と自分の意見の折り合うところを話し合いによって見出す「対話」のできる人になっていきます（辻正矩他『こんな学校あったらいいな』築地書館、二〇一三年、七〇〜一頁）。

いじめについて理論的に言えることはこれくらいであろう。決着がついた問題は少なく、考えるべきことがますます増えているようにも見える。しかし、紹介してきた理論の成果は少なくとも二点はあり、今後も学校に関する考察の基礎にすべきだと思われる。第一は、近代学校という場に成立した子供集団には、子供を苦しめる面もあるということである。このことは、学校は本質的に善なるものであり、問題があるとしたらそれは外部（左翼的な人にとってはとりわけ政治と経済、政府文部省と財界、右翼的な人にとってはとりわけソ連、中共という外国のイデオロギーにかぶれた左翼の教師）から押し付けられたものだという、一九七〇年頃までの発想を覆す論拠の一つとなることである。このことを確認した意味は大きい。子供集団に問題を見つけたら、それは子供集団の本質が関わっているのではないか、とまず考えてみる必要があるということである。もう一つは、子供は独自の論理に従って集団の秩序を作るのであり、それは大人のコントロールが効かないものだということである。そのため、一つの視点（例えば、いじめを絶対に許さない）で子供集団を大人が全面的にコントロールしようとすると、思わぬマイナスの副次効果が出る可能性があるのである（次項）。子供のことは子供に任せておくしかない、という面があるということである。

いじめ対策の現実

ところが、具体的対策を考える段になると、いじめは根絶できることになってしまい、方法論だけに終始しがちである。そこでここでは、対策を考える上での基本視点について考えてみたい。

最も基本的なことは、いじめという視点からだけ子供集団を見てはならないということである。子供集団には、そこでしか生れない楽しさもある。また、学習効果においても注目すべき面もある。これまでは、子供集団については、主にそうしたプラスの面が注目されてきたし、それには十分な根拠がある。だから、いじめ対策ももっとおおらかに考えたらどうだろうか。学校の子供集団には、そこにしかない貴重な側面と、負の側面がある。それゆえ、重大な事態になりそうな場合は断固として介入するが、基本的には子供に任せる、というスタンスが望ましいと思われる。そうすれば、例えば、すぐ前に引用したわくわく子供学校のようなことも起きる。いじめに適切に対応するには、いじめのことだけ考えていてはだめだということだ。もちろん、介入と任せることのバランスを取るのはかなり難しいことではあるが、そうするしかないと思われる。
「いじめは絶対に許せない」と言われるが、社会全体にいじめは遍在しているのだ。ということは、誰でも状況によっては、たとえ意図的ではないとしても、いじめる側に立ってしまうことがありうるということである。この点から考えると、絶対に許さないといっている人々は、自分が見えていない。そのように言うことで、自分が百パーセント正義の立場に立っていることを確認しているだけである。そのような一面的な立場から作られる対策は、例えば一三年六月成立、九月施行の「いじめ防止対策基本法」*がそうだが、却っていじめを助長する可能性がある。いじめを早期に発見し、この法律の定める仕組みに従って処理すれば解消するということになっているが、その前提は、いじめを苦にした自殺のようなことが起きるのは教師と教育委員会の隠蔽体質に由来する、というものである。しかし、隠蔽している場合もあるが、加害者、被害者、保護者のプライバシーとも関連して、資料を開示して明確に説明するわけにはいかない部分がいくつもある場合もある。そうした微妙な面を無視して強引にすべてを開示するようなことをするならば、却って問題をこじらせることになりかねない。

*――解説によれば、この法律は「いじめを〝絶対悪〟と措定」しているそうである。坂田仰編『いじめ防止対策基本法 全条文と解説』学事出版、二〇一三年、八五頁。ただし、条文にその言葉はない。

関係者が、無責任と言われることだけは回避しようとして行動する結果、ちょっとした行き違いから「いじめの冤罪が起きかねない」ことも指摘されている。さらにいじめとは「児童等が心身の苦痛を感じているものをいう」（第二条）とされていることから、「言った者勝ちの傾向」があるという（小野田正利「モンスターペアレント論を越えて」『内外教育』二〇一四年四月一八日付、時事通信社）。この法律があるために、関係者が解決を急ぐあまり、いじめとは言えない行為をいじめと認定してしまうとか、子供がともかくいじめられていると訴えてしまおうとするといったことが起こり、いじめたわけではないのにいじめていたとして追及されてしまう子供が出てくる可能性があるのである。そういったことへの配慮ができないのは、関係者が、いじめは根絶できるという、非現実的な想定をしているからである。

現在すでに、関係者の多くが自分の責任を追及されないこと（＝出すぎたことはしないように細心の注意を払いながら、やるべきことはやったという形を作ること）に汲々としている。法が施行されると、最も弱い部分に責任を押し付け、非難を集中するということになりかねない。それは、いじめそのものである。学校は今以上に窮屈になるのではないだろうか。基本法では「児童等に対する定期的な調査その他の必要な措置を講ずる」（第一六条）ことになっているので、定期的にアンケートを取っている学校もある。しかし、そうすると、現在すでに起きていることであるが、回答がおざなりになる可能性がある。あるいは子供にいじめについて意識させすぎて、却って陰湿化させることにもなるかもしれない。そして、もしそういうことがあったとしても、適切な対策が取られていなかったという批判をまぬがれるためだけに、調査は「粛々と」続けられるであろう。

また、たとえ純粋な善意からであっても、教師や父母が一致団結していじめを絶対に許さないような体制ができたとしたら、それは子供にとって望ましいこととは思えない。それは子供のしていることがすべて大人に筒抜けになるということであり、子供が子供だけで独自の秩序を作るという、成長期になくてはならない経験が潰されてしまう。それに、学校にいるときの子供どうしの関係に、いじめだけがあるのではない。たいていは仲間と楽しそうに、あるいはそれほどで楽しそうではなくともいじめられることもなく遊んでいる。一人で自分の好きなことをしている場合もある。それぞれが、その子にとって貴重な時間であろう。総体的には子供たちは、学校生活を楽しんでいると言って良いのではないだろうか。だとしたら、いじめがないかという一点だけを意識しながら子供集団に目を光らせるというのは、あまりに一面的である。寒々とした光景である。子供も、いじめがないかどうかを監視している大人の視線を常に意識させられることで、より幸せになるとは思えない。いじめ対策が、子供の他の大切な面を潰してしまっては、元も子もない。いじめを絶対に許さないという観点だけで子供を見ていると、そういうことになりかねないのである。前述のように、子供集団を、いじめという視点だけで見てはならないのであるが、いじめ対策も、いじめという視点だけで考えてはならないのである。

いじめられにくい性格

いじめについての考察の最後に、いじめられにくい性格について考えてみたい。最近は誰もがいじめられる可能性があると強調されることが多いが、いじめられたことがない子供もいる。そういう子供には色々のタイプがあるだろうが、その一つの、たぶん最も重要なタイプは、いじめられたときの反応が鈍い子供である。いじめる子供は、いじめられる子供の大げさな反応を見るのが楽しいのである。しかし、自己評価がしっかりしていて、褒められてもけなされても、不正確だと思えば有頂天になったり落ち込んだりしない子供は、反応が鈍いので「いじめがい」がない。また、たとえいじめられたとしても、その状況をきちんと自覚できる（＝自己がよく見えるので、第三者の視点で、これはいじめだと判断できる。それゆえ、必要とあらばそこから逃げ出すこともできる）ので、被害がエスカレートすることはない。

そうだとすると、最近、子供を褒めてやる気を出させる、自信をつけさせるということを実践し、推奨する教師が増えているが、いじめられやすい子供を作っている可能性がある。本当の自分というものは、そう簡単に見えるものではない。他人から褒められることで自信をつけた子供は、他人から批判されると一編に自信を失ってしまうことがある。

ある高校生がインターネットに友人の悪口を書いたことで教師に指導された後で、次の言葉を書き残して自殺している（大貫隆志編著『指導死』高文研、二〇一三年、一頁。書名の「指導死」というのは聞きなれない言葉だが、生徒指導をきっかけに子供たちを失った遺族の間で生まれた新しい言葉で、「生徒指導をきっかけ、あるいは原因とした子供の自殺」を意味する）。

自分は生徒会もやっている。まじめに学校にも行っていたつもりだ。先生たちに今日あれだけいわれたんだ。おれって先生たちに信用なかったんだね。がんばった。がんばったんだけど、認めてもらえなかったんだね（『指導死』一四九頁）。

自分を心の底ではどう思っているかも分からない教師に一言批判されただけで死を選ぶなんて、あまりにも哀れではないか。褒めて自信をつけさせる、と言う。しかし褒められることでつけた自信は、批判されると、簡単に崩れてしまう。内発的な実感に基づくものではないので、本質的に脆弱であり、批判されると、もちこたえることができないのだ。そのような自我が十分に確立していない子供、そしておそらくはいじめられやすい子供を、褒めまくる教育は増やしていると思われる。

また、褒めるということを基本に生徒との関係を作っていくと、当然生徒が教師を褒めるという場合も出てくる。そういう場合に、褒めることを無条件に肯定している教師は、判断を誤ることがある。すべての子供を隔たりなく褒めるように努力したというある小学校教師は、事前に解答を見てテストで一〇〇点を取った子供が次のように告白したのを聞いて、感激して泣いてしまったと書いている。

僕は、一度も勉強で先生を感動させたことがなかった。僕は、一度でいいから、先生を感動させたかったんだ。先生から〇〇君すごいねって、思い切りほめられたかったんだ（松村二美『学級愉快』風詠社、二〇一三年、六五頁）。

こんな子供は、自分が尊敬（大切に）している人を喜ばすためならどんなことでもするであろう。子供がこういうことをしたら、褒められるためならどんなことをしても良いわけではないときちんと教えるべきだと思うが、そのようにした形跡はない。精神科医の斉藤環によれば、「他者の許しがなければ自分を愛することさえ難しい」という「承認依存」の風潮が若者の間で広まっているという（『承認をめぐる病』日本評論社、二〇一三年）。そうした風潮を、ともかく褒めまくるという実践は助長している。

褒めることは、もちろん、内部から自然に湧いてきた感情であれば、問題はない。しかし、教育現場では、子供のためというより教師のために、教師が子供を自分の意図通りに動かしたいがためになされている、という面がある。それは、感情を偽るということであり、本質的に不自然なことである。尤も、いつでも正直に自分の感情を表出していたら、まともな人付き合いはできなくなるだろうから、ある程度、感情をコントロールすることは必要なことでもあるのだが、意図的に褒めるということは、本質的には不自然なことだということは、忘れてはならないことだと思う。

考察できなかったこと

本節で論ずべきことには、他にもたくさんある。本来の子供とはどんなものであったのか、また、子供の遊びとはどんなものであったかということと、それが学校によっていかに規格化され囲い込まれてしまったかということもそうである。それについて論じる余裕はないが、その最も優れた考察の一つは、榎並重行／三橋俊明『「モダン都市解読」読本――あるいは近代の「知覚」を横断する「知識／権力」の系譜学』（ＪＩＣＣ〈現宝島社〉、一九八八年）であろう。そこから一カ所だけ紹介する。

子供の異質（成分性）。子供は神事祭礼の大人と対等な担い手であり、日常の仕事のあらゆる分野での手伝い手だ。が、同時に、それらに属すことのない「遊び」の世界の成員でもある。……大人に比べて知恵が足りないが、大人とは異なった知恵をもつ……この世ならざる秩序への接近可能性、あるいはそこからの入路を提供……（『「モダン都市解読」読本――あるいは近代の「知覚」を横断する「知識／権力」の系譜学』一一七～八頁）

こうした、子供の多様な存在のあり方が、学校ができることによって一つ一つ潰されていく様子が多面的に描かれている。学校ができたことによって、私たちは何を失ったかを考えさせる好著である。また、学校は子供を保護するというよりは社会から隔離してきたのだというアリエス以来のテーマにも触れることができなかった。残された課題は他にもたくさんあるが、少なくとも子供集団が、自発的に秩序を形成するものだということと、そのことによって近代学校の作動のパタンを独自に規定するものであるということは、明らかになったのではないだろうか。

本節の最後に、子供集団が独自のダイナミクスを持つことを例証する、最も印象的な例を紹介しよう。聾者が使う日本手話は、子供集団によって創造されたのである。「日本手話」は、日本語を話しながら説明的に（日本手話とは異なる、その意味で不正確な）手話を付け加える「日本語対応手話」とは異なり、「ろう者の母語であり、日本語とは独自の体系を持つ自然言語である」（小島勇監修・全国ろう児をもつ親の会編『ろう教育と言語権』明石書店、二〇〇四年、一頁)。そして、その日本手話は、ろう学校に子供たちが集められることによって、創造されたのである(この点に、学校の一つの存在意義を見出すことも可能であろう)。「(世界中どこでも)ろう学校が設立され、学校内に子供たちのコミュニティが形成されて初めて、手話はクレオール*として誕生し、さらには世代を超えて伝承されるようになる。日本手話も、一八七八年に京都、一八八〇年に東京にろう学校ができて以降、ろうの子供たちのコミュニティの中で生まれた」(同書、一四頁)。子供たちの集団が新しい言語を創造したのである。このこともまた、子供集団研究の重要なテーマだと思われるが、今後の課題である。

*——母語が異なるものが共に生活すると、ピジンと呼ばれる一貫性のない混交言語が生まれるが、それと異なる、より一貫性のある、新しく創造された言語。

第1章のまとめ

近代学校は、それ以前の学校と違い、少なくとも四つのシステム(層)が重なっている。そして、それぞれのシステムがオートポイエティックに作動している。その基本は自律的ということであり、どのシステムも他のシステムとは基本的に無関係に、独自の論理で作動している。学校は第一に教育システムである。しかし、それだけではない。選別システムでもある。学校が選別しているのはけしからんという議論は成り立たない。それをしているからこそ学校は、社会に不可欠の機能システムとして定着しているのである。また、学校は、子供が第一という論理だけで動いているのではない。それはまた、教師の生活のための組織でもあり、官僚制の原理を貫徹させようとする強い力が作用している。そして、子供たちも、それらによって受動的に動かされているだけではなく、独自の論理で集団の秩序を作っている。それぞれのシステムの作動の結果として学校全体の作動は決定されているのであり、教育の本質は何かとか、（学校は教えているだけとイメージした上で）学校の本質は何か、といったことだけからそのあり方について論じることはできない。学校についての考察は、どのシステムに着目しているかを自覚しつつ、他のシステムにも配慮しながら進められなければならないのである。

第2章

学校と影響関係を持つ社会の他の部分

第1章では、近代学校は四つのシステム（層）の重なりであり、それらの綜合として学校の作動が決定されていると述べたが、それら内部の存在だけで近代学校の作動が決まるわけではない。外部からも様々な力が作用する。内部のダイナミクスが基本的にその作動を決定するのであるが、外部からの力もそれに大きな影響を与えている。この章では、そのような、外部から作用して学校の作動を規定する、主なものについて考えてみよう。

1　国家

国家と学校の諸システムとの関係

近代学校は、近代国民国家が自らを正当化しつつ、近代化を遂行するために作ったものである。学校は、国家を正当化するイデオロギーを普及することを通して直接的に、また、科学を中心とした近代的知識を普及し、経済を中心に、社会の近代化に貢献することを通して間接的に、国民に国家の意味を確認させた。逆に学校は、そうした役割を果たすことによって自らを、国家にとって不可欠な装置として正当化し、社会に受け入れられ、定着してきた。そのような密接な関係があるために、国家は何かと学校を利用しようとするが、学校は国家の意図通りに動くとは限らない。それは、学校が、いくつものオートポイエーティクに作動するシステム（層）の重なりだからである。

オートポイエーシスはいったん形成されると、それに関与した者の意図とは関係なく、その独自の論理に従って自律的に作動する。外部からの介入は、そのシステム独自の論理によって、刺激として受け止めるにすぎない。つまり、介入するものの論理によってではなく、自己の論理によって解釈するのである。また、それへの対応もシステム独自の論理によって決定される。もし、外部の力が強力で、強引に別の論理に従わせようとすると、オートポイエーシスは破壊されてしまい、利用どころではなくなってしまう。つまりオートポイエーシスは、存続する限りは独自の論理で作動し、外部からの圧力が強すぎる場合は、破壊されてしまうのである。いずれにしろ、外部の論理がオートポイエーシスの内部で直接作用するということは、ありえないのである。

従って、同じものに対しても、システムごとに、独自の対応をすることになる。国家の介入に対して、前章で述べた四つのシステムがそれぞれどう反応するか、基本的なことを考えてみよう。

教育システムとしての近代学校は、その歴史によって何を教えるべきかが蓄積されており、それを無視して内容に介入することはできない。しかし、第二次世界大戦末期に近づくにつれ、教育内容を戦争協力に繋がるものにするように国家の圧力が強まり、学校はそれに対して抵抗できなかった。そして最後には、教育システムは実質的に破壊されてしまったのである。一九四五年三月に閣議決定された「決戦教育措置要綱」では、「全学徒を食糧増産、軍需生産、防空防衛、重要研究その他の直接決戦に緊要なる業務に総動員す」るために、「国民学校初等科を除き学校における授業は昭和二〇年四月一日より昭和二一年三月三一日に至る期間原則としてこれを停止す」ることになった（現代表記に改めた。国民学校初等科は現在の小学校に当たる）。また、現在は、そこまでは行っていないが、入学式、卒業式の君が代斉唱時に教師は全員が起立するように強制されている。起立を拒否する教師がいるが、彼らは、起立することは普段子供たちに教えていること——例えば思想・良心の自由とか、おかしいと思ったら皆と同じようにしなくても良い、といったこと——と矛盾するからだと考えている。起立している教師の中にも、そう考えてはいるが、処分を恐れて起立している者も多い。これは教育の論理の破壊と言える。

なぜなら、教育とは、教師が正しいと考えていることについて、子供もそう考えるようになって欲しいと願ってするものであるはずだから。このような部分が拡大していくと、教師は次第に自主的に考え、判断することができなくなり、教育システムは崩壊するであろう。このように国家は、教育システムにしばしば圧力を加え、教育の論理を抑圧し、時にはシステムを破壊しかねないのである。

しかし、選別システムとしての近代学校には、国家は絶対に介入できない。もし、政治家の圧力や経済（金）の力で入試や学内試験の合否が左右されることがあったとしたら、学校は選別システムとしての権威を一気に失ってしまうであろう*。それは、他のシステムにとっても都合の悪いことだから、けっしてそういうことはやろうとはしない。何といっても、選別システムが権威を持つための最大の要件は、公正であることである。それは、現在の日本では基本的に確保されていると言ってよいであろう。

*——入試では、ありえない。学内試験に関しては、少なくとも、入学試験が多少は選抜の機能を果たしている程度にはステイタスの高い大学では、ありえない。それほどでもないところでは、単位を出さなかったりすると、親が有力者であると、直接にではなく、理事等を通じて教師に圧力をかけることがある。従って、欠席が多い場合以外は、単位を落とせない。

もう一度、しかし、である。学校はまた官僚制組織でもある。そのために学校は、外部からの圧力を受け入れざるをえなくなる場合があるのである。「近代社会のほとんどすべての機能システムにおいて、家族だけを例外として、組織が重要な役割を演じている」（N・ルーマン、徳安彰訳『社会の科学2』法政大学出版局、二〇〇九年、七〇七頁）。そして、組織化されることによって、本来自律的であるオートポイエーシスが、外部の影響を受けやすくなるのである。

とりわけ、組織は選択的に助成することを可能にし、したがって選択的に助成しないことも可能にし、その基準となる意思決定を、たとえば政治的影響力のようなシステム外部の影響力の手が届くものにする。したがって、それぞれが固有のコードのみに従い、さもなければそれと認められるような固有作用を生み出せない、作動上閉鎖した自己言及的な機能システムどうしの緊密な分離は、組織のレベルで、とりわけ組織間関係の網の目の中で妨害される（同書、七一〇〜一頁）。

金についての権限を持っている機能システム（主要には政治システム）が、他の機能システムに介入することがあるということである。現在の日本では、大学は、資金が重点配分されているために政策追随型の改革に血眼になっているが、これはその典型的な例である。小中高では、前述のように、処分権をちらつかせることによって日の丸・君が代を強制している。処分とは結局、減給から免職まで、金を使っての脅しである。学校は教師の生活のためにもあるということを確認することが大切だと前章の第4節で述べたが、その理由の一つはこのことである。日の丸・君が代が一〇〇パーセント実施されているのは、偏に、金を使っての脅しの効果である。このことは、それに賛成反対に関わりなく、事実として認めなければならない。このように学校は、官僚制的組織であることにより、外部からの影響を受けるのである。しかしそれは学校のすべてではない。官僚制を媒介に影響を受けるのは主に教育システムであって、選別システムは無傷である。

最後は、学校の子供集団である。これは、日清戦争以来、旗行列その他により、社会一般の戦意高揚のために動員され、かなりの効果を上げてきたが、本格化したのは日露戦争の時である。そうした研究の結論部分を引用して見よう。

国家的リズム（国家が定めた儀式、行事のこと—引用者）の浸透と軌を一にして、小学校及び小学校教師が、行政村落運営上、不可欠な担い手となっていく様子がうかがわれる。特にそれは、日露戦争中は戦争行事への小学校の参加、日露戦争後は一九一九年からはじまる在郷軍人会、青年会と小学校の提携による村落行事の遂行、という軍事面で顕著になっている。それは、日露戦後期の村落再編成過程のひとつとして、近代国家における行政村の中に、小学校が定置されていく過程でもあった（岩田重則『ムラの若者・国の若者——民族と国民統合』未来社、一九九六年、二四一頁）。

子供が地域ごとに自然発生的集団を形成していただけならばそれほど効果的に利用できなかったであろうが、子供がすでに学校を単位にまとめられていたので、非常に効果的に利用できたのである。子供たちは、いわば国家主義イデオロギーの先兵としての役割を果たさせられた。イデオロギーを普及するにあたって、子供は利用価値がある。なぜなら、イデオロギーとは特定の思想や理論を絶対化し、それによってすべてを説明しようとするものであり、子供はそうした単純な思考になじみやすいからである。

そして、子供集団のダイナミクスもそうした傾向を助長する。現在は、官僚制度の内部にいる教師には前述のように日の丸・君が代を強制できているが、外部にいる子供集団には強制できないでいる。もし、子供にも強制できるようになったとしたら、社会全体が、それへの批判をほとんど許さないようになっているであろう。子供が大人の行動を集団的にチェックするようになるからである。

愛国心教育

以上が国家と学校の関係の基本であるが、これだけの記述でも、近代学校が四つのシステムの重なりであるという前章の分析の有効性は明らかであろう。基本的なことだけの記述であり、まったく不十分であるが、これ以上については別の機会を期すことにして、以下では、愛国心教育について考えてみたい。それは、現在、学校と国家の関係における最も重大なテーマとなっているとともに、個々人のアイデンティティにも大きく関わっているために問題がかなり複雑になっており、推進論者と反対論者の対話が成り立たないようになっているからである。

対話が成り立たないということは、そのこと自体が愛国心が教育内容としてはふさわしくないことを示している、と考えることもできる。なぜなら、反対論者にとっては、合理的判断に基いては同意できないことを押しつけられることになるからである。そのようなものは教育の場にふさわしくない。近代学校の教育内容は、誰もが、合理的に判断すれば納得しうるものに限定されるべきである。このことが、近代学校で、特定の宗教の教育が基本的に禁止されている主な理由である。しかし、その点まで話を拡げると複雑になりすぎるので、それはペンディングにして、どうすれば対話は可能になるかという筋で、愛国心教育について考えてみたい。

まず、最も基本的な事実として、第1章第1節で述べたように、心理システムがオートポイエーシスであり、外から一定の思想を持ち込めるようなものではない、ということを確認したい。もちろん、成長の過程で、周囲の環境（人間も含む）との相互作用の中で様々な観念を自然に身につけていく。自然にということとは、心理システムのオートポイエティクな作動の結果として、ということである。つまり、環境との相互作用を心理システムが独自の論理で受け止め、それを基盤に、心理システムの内部に、心理システムが自ら生み出したものであり、外から持ち込まれたものではない。

次に確認したいのは、ナショナリズム（愛国心）はそのような自然に身につく観念ではない、ということである。それはしばしばパトリオティズム（愛郷心）と混同され、あたかも自然な感情のように言われることがあるが、その点では両者は根本的に違うのである。

郷土愛は、人間の成長とともに自然に形成される根源的な感情であるのに対し、ナショナルな感情は、世論の力や教育、文学作品や新聞雑誌、唱歌や史跡などを通じて教え込まれるものである。そのため、パトリオティズムとナショナリズムの関係は両面性を帯びることになる（市川昭午『愛国心――国家・国民・教育をめぐって』学術出版会、二〇一一年、一三四頁）。

そして、「左派はナショナリズムを否定しパトリオティズムを肯定、右派は両者を連続的なものと見る」(同前、一四〇頁)、としている。その通りであろう。本書は、愛国心推進論者と否定論者の主張が、非常にバランスよく記述されていて、この容易に答えの出ない問題を深く考えるヒントをたくさん与えてくれる。

さて、愛郷心は等身大の感情である。直接ふれ合う自然や人との交流の中で、巧まずして湧いてくる感情である。しかし、近代の国民国家は、全体と直接ふれ合うにはあまりに巨大である。「いかに小さな国民であろうと、これを構成する人々は、その大多数の同胞を知ることも、会うことも、あるいは彼らについて聞くこともな」(ベネディクト・アンダーソン、白石さや/白石隆訳『増補 想像の共同体――ナショナリズムの起源と流行』NTT出版、一九九七年、二四頁)い。それゆえ、国民とは「イメージとして心に描かれた想像の政治共同体」(同前)である。そのため、愛国心は自然に成長する感情ではない。それを持たせるには、特別な教育が必要である。近代学校は最初からその役割を担わされてきたが、そう簡単には効果は出なかった。明治の初めに福澤諭吉は、日本人は国といえば旧藩のことだと思っていて、その外側に日本という国があることを知らない、と嘆いていたが、そうした状況を一挙に変えたのが、日清戦争(一八九四~五年)である(佐谷真木人『日清戦争――「国民」の誕生』講談社現代新書、二〇〇九年)。清という共通の敵を意識することにより、日本人全体が一つの運命共同体(日本という国)の一員であるという意識が成立したのである。

同時にまた、日本が勝ったのは教育が普及していたからだと言われ、国民の国家に対する義務としての教育という観念も広がった。このころから急速に義務教育は普及、定着するのであるが、その大きな要因の一つが、この観念であった。その画期は、一九〇〇年の、通称第三次小学校令であろう。この勅令の画期的意味についてはすでに第1章第2節で指摘したが、これにより、全国民が、共通のカリキュラムにより、四年制の尋常小学校の教育を、義務として受けることになった。そして、それより少し遅れて国民皆学制が実現すると、「一君の下万民これ等しく赤子とする国体論」に根拠を与えることになり、日本という国家と国民の関係は、より緊密なものとなった。赤子《せきし》とは天皇の子供ということで、現実には大きな格差や不平等が存在するが、天皇の子供という点から見れば日本人は皆同じだ、ということである。そうしたイデオロギーに対して、国民全員が同じ義務教育（一九〇〇年からは四年制の尋常小学校、〇八年からは六年制の尋常小学校）を受けていることが、実態的根拠を与えた（本当らしく思わせた）のである。当局も、この思わぬ効果に気づいていた。文部次官や京都大学総長を経て、成城学校を創立した澤柳政太郎（一八六五～一九二七）は、次のように述べている。

我小学校の貧富貴賤を問わず之を同一の学区に収めて六ヵ年の国民教育を施すは、（一）国民的思想感情の一致のために利あり、（二）貧富両階級間の融和を助くるの益有り。この二利は之を国家社会の上よりみて頗る重要の意義あるものと云うを得べし。況んや六千万の臣民は皆陛下の赤子にして等しく一視同仁の徳に浴するを本義とする我国体なるに於いてをや。若し夫れ国民教育と称するに拘わらず貧富学校を異にして一は頗る完備せる学校に学び、一は頗る不完全なる学校に学ばざるを得ずとは我六千万の臣民は皆等しく陛下の赤子なりと云うと雖もその実なき感なくんばあらず（成城学園澤柳政太郎全集刊行会編『澤柳政太郎全集』第三巻、国土社、一九七八年、一八〇頁。現代表記に改め、強調の傍点と丸は省略した）。

推進派の問題点

愛国心は、自国が特別な国であるという意識がないと成り立たない。戦前のように、世界中どこでも、貧富の格差を始め様々な不平等があって当然と見なされていると、誰でも同じということがあれば、それは特別のことと意識される。特に、階層ごとに別種の学校に通うのが一般的であった当時にあって、国民共通の義務教育を実現したことは、日本が特別な国であると意識させるに十分な出来事であった。そこから比較的自然に、天皇の有難さ、愛国心の大切さを意識させることができた。

しかし、人間は基本的に平等であるという観念が普及した戦後は、義務教育の学校が全国共通だというくらいでは、天皇の有難さ、ひいては愛国心の大切さを感じなくなってしまった。しかも、天皇が人間宣言をしてしまい（一九四六年一月一日）、戦争もできなくなったので（安倍内閣の成立以来、そうも言っていられない事態が進展しているが）、一挙に愛国心が高揚するという事態は想定し難くなった。そのため、愛国心推進論者は、日本が特別にユニークな国であることを言わなければならなくなった。しかし、どこの国もそれなりにユニークであるから、日本が特別にユニークであると主張するためには、多少無理をしなければならない。例えば、日本は歴史が古いと主張するために年号に皇記*を使ったり、日本という国は歴史上一切誤りを犯さなかった、と言ったりする（例えば、佐波優子『女子と愛国』祥伝社、二〇一三年、等）。

*――日本の起源を、西暦の紀元前六六〇年に当たるとされる、神武天皇の即位の年を元年として、一八七二年に定めたもの。つまり、皇記は日本で最初から使われていたわけではない。

こうしたことの背景には、その日暮しに毛の生えたような派遣生活をしている、何も持たないという意味での「ピュア・プロレタリアート」（安富歩『ジャパン・イズ・バック』明石書店、二〇一四年、五一頁）が増大していることもあるようである。安富によれば、日本は立場主義の社会で、誰もが自らの立場を守ることに必死になっている。ところが、彼らには守るべき立場がない。彼らにとって、唯一残された立場は国籍である。「ただ、日本に生まれて自動的に付加された国籍、つまり日本人であること」（同書、五二頁）である。そこで彼（女）らは、日本人であることに過大な評価を与えたくなる。そのために、「『日本人であること』のさらにベースにある『日本』が素晴らしいこと、を『事実がどうであるかにかかわらず』求めるようになる」（同書、五三頁）のである。

それはまた、排外主義も助長する。前述のように、元来愛国心は戦争をきっかけに、つまり敵が存在して初めて、国民的規模で成立したものであるが、現在でもそれは、容易に外国人への攻撃と相乗作用をする。そのような事態を、右翼の論客の中にも、嘆かわしいと考える者がいる。

和をもって貴しとなす。これこそが日本の伝統であり、私たち右翼が目指してきた日本のあるべき姿です。国や民族や文化や考えが違っても、相手を尊重するのが「大和」の国、日本です。しかしどうですか、今の日本は、嫌韓国、嫌中国を語ることで日本人の劣化から目を背け、見せかけの自信をえようとしています。お手軽で、非歴史的で、検証に耐えない（木村三浩『お手軽愛国主義を斬る』彩流社、二〇一三年、三頁。木村は右翼団体一水会の代表）。

それにしても、愛国心推進論者は、なぜ他人も自分と同じように振る舞うことを望むのだろうか。自分にとって日本という国が大切な存在であるとしたら、そしてそれが真実の感情であるとしたら、他人がどう思おうと関係ないように思えるのだが、そうはいかないらしい。愛国心という感情は、自分と国家との関係だけでは完結しない、他人がどう思っているかにも左右されるもののようである。もしそうだとしたら、愛国心はかなり脆弱なアイデンティティと言えるのではないだろうか。愛国心推進論者がこの点に深く思いを致し、なぜ他人も同調させたいと思うのか、なぜ同調しない人を日本から出ていけなどと言いたくなるのかを考えるようになれば、反対論者との対話も可能になるであろう。

また、一般的に愛国心は保守主義と通底すると見られているが、保守主義は本来寛容を旨とするという見解もあるので、紹介しておきたい。

真の保守思想は、他者への寛容を是とするリベラルマインドによってこそ生命力を得ることができます。革命政府による平等社会実現を目指した共産主義者は、抽象的な人間による絶対的正義の実現を目指した結果、自己とは異なる価値観を持つ人間を排斥し、抑圧してきました。彼らは人間社会の完成可能性を信じ、理想社会の実現を目指した果てに、他者への寛容性を欠いていきました。二〇世紀において、保守は全体主義や共産主義と戦ってきました。極端な統制を拒絶してきた保守こそが、真のリベラルを主張することができるのです（中島岳志『「リベラル保守」宣言』新潮社、二〇一三年、二二一頁）。

このように基本的視点を確認した上で中島は、寛容性を欠いた日本の保守主義者の論理のご都合主義を、「中国を牽制するために『民主主義の普遍性』を叫びながら、一方では日本の左翼が『民主主義の普遍性』を掲げると途端に罵倒する『自称保守派』、日本のナショナリズムといえばすべてを容認し、隣国のナショナリズムには憎悪を剥き出しにする『自称保守派』」（同書、一九七頁）、と批判している。

反対派の問題点

以上は、愛国心が自己のアイデンティティの中核になっている人々の話であるが、他方に、愛国心は、自己のアイデンティティと無関係であり、それを強制されるのは嫌だと感じている人々がいる。また、日の丸・君が世に反対というわけではないが、全員にそれを強制するのは反対だ、と考えている人々もいる。そういう人々は、愛国心教育に反対する。彼らは、愛国心推進論者がどちらかというと自分にとって愛国心がいかに大切かということしか考えないのに対し、一応両者の主張を視野に入れている。その意味ではメタレベルで状況を見ていることになるのだが、こちらも、推進論者以上に視野が広いわけではない。特に、愛国心教育反対運動と密接な繋がりがある平和運動（教育）がそうだが、戦争とか平和をキーワードに自己の立場を絶対化し、そこからすべてを裁断する傾向がある。そのためであろう、妙に倫理的で（例えば、浅田石二作詞・木下航二作曲の「原爆を許すまじ」の最後のリフレイン「ああ許すまじ原爆を、三たび許すまじ原爆を」などに見られるように）、（彼らに同調しない人々から見れば）上から目線である。

平和運動を推進した人々は、戦争がいかに悲惨かを教えれば、自動的に戦争反対という結論に至るはず、と錯覚していた（る）ようである。戦争が悲惨だということは事実の認識だが、戦争反対というのはそのような事実についての解釈、メタレベルの判断であり、事実認識から一義的な結論が導き出されるわけではない。例えば、戦争は悲惨だから、けっしてそういうことが起きないように自衛力を強化しようという論理は、戦争は悲惨だからけっして戦争が起きないようにしようという論理と、論理の深さのレベルは同じである。ところが、平和教育に熱心な教師の中に、戦争の悲惨さを教えれば結論は決まっていると見なし、なぜ戦争に反対しなければならないかは特に考えさせることはなかった者がいるようである。そういう教師に教えられた子供の中には、成長してから、何かのきっかけで愛国心に目覚め、教師は事実を教えてくれたがなぜ戦争が悪いかは教えてくれなかったと、平和教育を批判するようになる者もいる。もっとも、戦争がなぜ悪いかというようなことは、教えてもらうことではなく、自分で考えるべきことではないか、という問題もある。

つまり、愛国心教育反対論者は、反対する理由については、それが戦争に繋がるというところまで考えると、そこで思考停止してしまう。それだけで完璧な理由だと考えるのである。しかし、それが彼らにとっていかに自明な論理だとしても、そうは考えない人もいるのである。そこのところがまったく分かっていなかった。国を守るためには必要ならば戦争もやむを得ないと考える人々に向かって、戦争に繋がるからよくないと言っても、まったく説得力を持たない。つまり、平和教育を進める人たちの多くは、仲間内で正しさを確認し合う役にしか立たず、反対の見解を持つ人々には何のインパクトも与えないような主張をしてきたのである。驚くべきことに、二一世紀になってもまだ、そのような平和教育を核にした戦後教育の理念は絶対に正しかったと考えている人がいる。

まっすぐに進む者たちの、まっすぐさがぶち当たらざるをえぬとまどい
正しく考える若者の　正しさゆえの　嘆き
そこに「戦後教育」の苦悩
苦悩が孕んだ真実があった

（北田耕也『〈長詩〉遥かな「戦後教育」――けなげさの記憶のために』未来社、二〇一二年、八三頁）

また、愛国心を持つべきだと考えている人の中には、それは人間として素直な感情ではないかと考えている人もいる（前述のように、実はそうではないのだが）。そういった人々とは対話も可能だと思えるが、その必要性も感じていなかったように見える。

思考停止ということについて一言敷衍する。道徳教育は愛国心教育と関係が深いが、そこでは、現在進められているその教科化に賛成する側も反対する側も思考停止に陥っていると、道徳教育に賛成の立場から批判する者もいる。

（道徳教育の――引用者）「教科化」に反対する側は、これを短絡的に戦前の修身科と結びつけた感情的な意見を繰り返し、逆に「教科化」に賛成する側は、修身科を「教育的遺産」として過大に評価することに終始した。両者ともに、修身科を学問的に検証することがなかったため、とにかく修身科を全否定するか、あるいは全肯定するかという感情的イデオロギー論のみが押し出され、空虚な「空中戦」のみが繰り返されたのである……「すべてが正しい」という命題は「すべてが間違いである」という命題と同じく、胡散臭くて欺瞞に満ちている。これこそが「思考停止」の本質である（貝塚茂樹『道徳教育の取扱説明書』学術出版会、二〇一二年、三～四頁）。

左右が思考停止に陥っているという状況判断は正しい。しかし貝塚は、思考停止の意味を捉え損なっている。彼はそれを、「ものごとの本質を深く考えようとしない態度」(同書、三頁)だとしているが、的外れである。思考停止する人々は、ものごとの本質を深く考えようとしないのではなく、深く考えた結果、本質を見出した、それ以上根拠に向けて遡求する必要のない究極の真理を見出したと考えるから、そこで考えることをやめるのである。そしてそのように考えられる状態は、非常に心地よい。だから、自分の掴んだ「真理」を絶対化するのである(何しろ、究極の真理であるから、少しでも欠陥があってはならない)。貝塚もそうである。『学習指導要領』には「永遠絶対的なもの」や「聖なるもの」といった宗教的な存在が想定されていないと何度も批判するが、なぜそうしたものが必要かについてはまったく考察していない(同書、各所)。彼もこのことについては思考停止しているのである。

愛国心教育反対論者の問題点についての話に戻る。彼らはまた、生活していくうえでの国家の必要性ということを考えてこなかった。例えば、福祉の向上などを国家に要求することは、事実として国家を強くする要求であり、国家への依存を強めようということである。それ以外にも私たちは、日常的に国家が与える様々な枠組みの中で生活し、いくつもの保護や恩恵を受けている。それも権利だと言ってしまえばそれまでであるが、私たちの現在の生活には、国家なしでは成り立たない、あるいは少なくとも国家という枠組みなしには成り立たない部分がかなりあるのである。例えば、戸籍がなかったら、義務教育を受けられないことから始め、様々な権利を行使できないことになる。そのような存在である国家を、愛するとまではいかなくとも、プラスの面、存在意義は一切認めない、というのもおかしなものではないだろうか。この点についても、愛国心教育反対論者は、考えないできたのである。

両派の対話に向けて

いずれにしても、愛国心教育について語り始めると、推進論者は、愛国心を持つべき理由になりそうなことだけを数え上げ、歴史的に愛国心を相対化しようとはしない。反対論者は、愛国心に危険だというレッテルを貼ってレッテル以上のことは考えなくなり、愛国心それ自体について広い視野で考えることはない。両者ともに、愛国心の全体像を見ようとはせず、自分に都合のよい部分を見るだけだから、両者の間で対話が成り立たない。そうした状況を克服するには、愛国心の是非を論じる前に、愛国心そのものについて、より広い視野から考える必要がある。その際、少なくとも次の二点は考慮に入れなければならない。一つは、愛国心が歴史上様々な災厄をもたらしたことである。推進論者は、「正しい愛国心は人類愛に通ずる」（文部省『期待される人間像』大蔵省印刷局、一九六六年）と言う。この命題はいつも論証抜きに主張されるが、実際には、愛国心が人類愛に敵対したことはいくらでもある。そういう事実を踏まえたうえで、どうすればそうなることを克服できるのかを真摯に考えなければならない。

もう一つ考慮しなければならないことは、私たちは少なくとも今しばらくの間は国民国家の枠組みの中で生きていかなければならないということである。国民国家を相対化する方向としては、国家より大きな繋がりを充実させる方向と、国家より小さな共同体の繋がりを充実させる方向が考えられるが、どちらの方向もまだ、世界規模で実現の可能性を信じさせるほどのものにはなっていない。

両者ともに、今まで無視してきた、自分にとって都合の悪いことも視野に入れて考えなければならない。それができれば、両者の間の対話も可能になるであろう。今挙げた二つの問題は、それぞれの論者にとって相当厳しい問題で、対立する相手にも同意できるような形で説明できるようになることは容易ではないと思われるが、そういうことを回避しないということが、知的誠実さということであろう。

しかし、現在では、推進論者は権力を持ち、反対論者は持たないという非対称の関係にあり、そのことがさらに事態を複雑にし、両者の対話をいっそう困難にしている。このように、対話を実現することは何重にも困難になっているが、もし対話が実現したとしたら、たとえ合意に達しなくとも、対話が実現したこと自体が大きな教育的意義を持つことであろう。それは、答えが容易に出ない問題について、反対の立場に立つ者の考え方を理解しようとしながら、考え続ける習慣を身につけさせることであろうから。それは、現在の教育に欠けている、最も重大なことの一つである。

けれども、現状はそんなのどかのことを言っていられるような状況ではない、という批判の声も聞こえてきそうである。日の丸・君が代が強制され、多くの教師が処分を恐れてそれに従っている。第1章第4節では、そのことを官僚制との関連で述べたが、ここではそれを、教育システムのオートポイエーシスの破壊という視点から述べ、だからこそ、対話を追求することが大切なのだ、ということを考えてみたい。

教育システムのオートポイエーシスが作動するためには、個々の教師の心理システムのオートポイエーシス、自律的な判断が保証されなければならない。現実というものは複雑で、何が起きるか分からないが、何が起きたとしてもそのつど可能な限り適切な判断をする必要がある。それができるためには不断からそのようにしていなければならない。しかし教師は、日の丸・君が代については判断することを許されていない。ただ命令に従っているだけである。そういう部分が教育システムに組み込まれているのだ。そしてそれは、拡大する傾向がある。すでに教師の間では、日の丸・君が代以外のことも上から指示された通りにやるしかないので、何を言っても無駄だ、という雰囲気が漂っている。そういう傾向がさらに拡大すれば、教育システムは破壊され、充実した教育をすることは不可能になるであろう。

現状では、そうした傾向に歯止めをかける目処が立たない。しかし、だからこそ、問題が解消した状況を思い描く必要があるのではないだろうか。現状を相対化するために。一歩退くことにより、より深く考えるのだ。

学問の自由について

以上で本節のテーマは終りである。最後に、補足として、学問の自由について一言述べておきたい。

科学システムは、教育システムにとって最も関連の深いシステムであるが、真理をメディアとする機能システムである。これと国家との矛盾が、学問の自由というテーマをめぐって、露になることがある。国家が大学に、真理というメディアを無視して、国家に都合のよい研究をするように、あるいは都合の悪い研究は止めるように圧力をかけることがある。それに対し大学側が、学問の自由、大学の自治という論理で抵抗することがある。それは、学問（科学）は、真理のみに依拠するのであって、他の何物の影響も受けてはならない、従って研究の自由が保障されなければならない、そしてそれを担保する大学の自治が保障されなければならない、という論理である。

しかし、その論理には実は、一つの錯覚があった。科学システムの内部で真理をメディア（判断基準）としたコミュニケーションが行われていることは確かであるが、それは科学システムの内部だけのことなのである。近代になると、真理をメディアとするコミュニケーションが分出し、その総体が科学システムを形成する。ということはつまり、科学システムの外部には真理をメディアとするコミュニケーションは存在しない、ということである（ルーマン前掲書、『社会の科学1』第四章）。外部のコミュニケーションは別のメディアによるものであり、別のシステムが形成される。例えば、貨幣をメディアとしているコミュニケーションのすべてによって経済システムが形成され、合法／不法ということをメディアとしているコミュニケーションすべてによって法システムが形成される。科学システムが真理をメディアとしているのは、それらと同様に一つの機能システムとしての特徴であり、何ら特別のことではない。そしてまた、科学システムも、他の機能システムと同様に、全体社会について発言する、特権的な立場にいるわけではない。科学があらゆることを検討できるわけではないからである。科学の方法論という厳密な論理に従って扱えることだけを検討できるのであって（なお、蛇足を一言付け加えると、科学の方法論と称されているものがすべて本当に厳密な論理かどうかは、また別の問題である）、人間が関心を持っていることのほんの一部にしか過ぎない。

ところが、学問の自由を主張する人々には、真理という言葉の普遍的なニュアンスに眩惑されてか、学問（科学）が、あるいは真理というメディアが、人間が関心を持つあらゆる問題に適応可能であるかのような錯覚があった。それが、彼らに抵抗のエネルギーを与えたのであろうが、学問の自由という論理は、学問に対し、あからさまに真理を歪めさせる圧力が加わったとき、つまり、真理をメディアとしないコミュニケーションを強制されたとき以外には、ほとんど役に立たない。特に、経済システムや政治システムの独自の作動が活発になり、科学システムに圧力を加える必要がなくなり、さらに現在のように、学問がそれらにすり寄っていくようになると、学問の自由を主張しても、それ以上何も言うべきことがない。具体的に何を研究するかということを指示できないのである。

学問の自由、あるいは大学の自治を主張した人々には、そのことがよく分かっていなかったのではないだろうか。大学の自治さえ確保されれば、自ら国民のための研究が発展すると思っていたのではないだろうか。しかし、それだけでは具体的な研究内容は定まらない。要するに、学問の自由、大学の自治を守れといったスローガンは、内容的には空虚なのだ（このことはもちろん、そのようなスローガンに導かれた抵抗の、歴史的意味をすべて否定するものではない）。

そのことが薄々と分かっているからこそ、学問の自由がある程度実現しそうになると、却って声高に学問の自由を守れ、と主張するのかもしれない。闘いにおいて、味方の立場を百パーセント正当化するために。六七年から七〇年頃にまで及んだ東大闘争には、全共闘とともに、時にはそれを上回る勢力として、民主化をスローガンとする学生たちがいた。そして、闘争の終息段階に、民主化をスローガンとしてきた学生・院生との総長交渉が何回かあった。その時、学生は最初に、学問の自由という原則の確認を要求する。それに対し林健太郎総長は、それは分かるから何をやりたいか言いなさい、と言う。それに対し学生側は、ほとんど有効に答えられなかった。学問の自由が確保されたらやりたい研究は人によって様々で、その主張から論理的に、これとこれと限定されるわけではない。それは、大学当局追求の論理としては弱いのだが、学生・院生側は弱さとは自覚的に気づいていなかったように思う。総長交渉に、その他大勢の一人として動員された、当時の私は、そんなことを朧げに感じていたが、まだ論理的に整理して考えることはできなかった。

2　地域

学校による地域の抑圧

最近は、学校に、学校だけでは解決が困難と思われる問題が山積みし、教育は学校だけでは成り立たない、地域の教育力を回復させ、学校と地域が一体となって教育に当たることが必要だ、と言われるようになった。そのような主張は尤もなことと受け止められることが多いが、以下に述べる地域と学校の歴史、および両者における教育目的の違いを踏まえると、事はそう単純ではないことが分かる。そこで、この節では、学校と地域がどのように協力できるかということよりも、そうしたことを考えるに当たって、その前に考えておかなければならないことを中心に考えてみたい。

まず、明治以降の学校と地域の関係の基本を押さえておこう。江戸時代にもすでに、武士の藩校、庶民の寺子屋など、学習の場は数多くあり、日本は世界的にも識字率の高い方だった。ところが、近代学校制度を一挙に設立しようとした一八七二年の学制（これでフルネーム）は、それらをすべて一旦はご破算にして、欧米をモデルに国家が定めた基準に従って、新しい学校を作ろうとしたのである。もちろん、予定された学校（小学校だけで全国で五万強）をすべて新しく設立することは無理だから、既存の施設をそのまま使う場合もあったが、その場合でも、教える内容等について国の基準に従った、まったく新しい学校に再編成してから使ったのである。その直後に太陽暦が採用された（学制は八月、太陽暦は一二月）が、学校は太陽暦普及という目的も持たされ、学校行事はすべて太陽暦に従って定められた。しかし、一般民衆の生活リズムがそう簡単に変わるわけがない。まだ、生活の大部分は太陰暦（正確には、太陰太陽暦）に従って営まれていた。そのために、旧暦の行事があると、学校関係者から見ればだが、勝手に学校を休んでしまう。彼らから見れば、それは出席率が悪くなるというだけの問題ではなく（当時はまだ出席することが習慣になっていなかったので、出席率を高めることは学校関係者の重要な課題だった）、伝統行事は、文明開化の先駆けたらんとしている彼らから見ればほとんど迷信のようなものばかりであるから、その点でも許し難いことであった。そこで、ことあるごとに学校と習俗は対立した（高橋敏『近代史のなかの教育』岩波書店、一九九九年、等）。

しかし、最終的には、国民皆学制の成立（一九一〇年代半ば）とともに、学校が勝利していった（＝子供たちが伝統行事があっても、休まなくなった)。これは、教育史ではあまり指摘されることがないが、一般庶民が、伝統的な子育ての習俗を放棄し、その基本部分を学校に任せるようになったということである。逆から言えば、学校が地域の子育ての文化を制圧したのである。これは、庶民文化の歴史の大きな断絶である。しかも、そのことと並行して、運動会や学芸会など学校が提供する娯楽、あるいは幻灯会など学校の施設を利用した催しのような新しい文化を、地域の人々が楽しむようになった。子供たちが学校に取り込まれるとともに、学校が地域の文化センターの一つのようになったのである。そのようにして、学校の文化と地域の文化が、伝統的な部分の抑圧を伴いながらも一体化していくのであるが、とりわけ、運動会の役割は大きかった。

一八九〇年代までは異質な時間の流れとして並立してきた学校の祭りの時間と地域の民俗的な時間が、日露戦争のころから共振しはじめ、学校の祝祭日が民俗的な感覚で受容されるようになる反面、地域の時間の流れのなかに学校の時間が年中行事として浸透していくのである。学校の時間と民俗の時間は、その境界を曖昧にさせながら単一の疑似種族的な時間のなかに日常意識を包み込みつつあった。運動会は、こうした二つの時間の流れを媒介し、一方を他方に転轍していく役割を果たしてきた（吉見俊哉他『運動会と日本近代』青弓社、一九九九年、四七頁）。

しかし、学校と地域が一体化したと言っても、対等な関係ではなかった。戦前、一般民衆が呼び出しを受けただけでドキッとするのは、警察と学校だった。学校は警察と同様にお上の出先機関であり、地域との上下関係ははっきりとしていた。前章の第4節で述べたように、学校は、つい最近まで、地域の人々に教えるという発想しかなかったが、それは、戦前に作られた関係の名残でもあるのである。

ここまで地域にはどのようなものがあるかということは述べなかったが、日本の地域として最も重要なものは、近世において自然発生的に成立し、後に自然村と呼ばれるようになったものであろう。白戸三平の劇画『カムイ伝』に見られるように、かつては近世の農民は武士に翻弄されるばかりだったようにイメージされていたが、現在ではそうしたイメージは払拭され、自然村は内部に武士の介入を許さない、自律的かつ自立的な存在だったとされている（白川部達夫『近世の百姓世界』吉川弘文館、一九九九年、等）。それはつまり、その存続に必要なものはほとんどすべて備えていたということであり、子育てに必要な文化も当然備えていた。そうした子育ての文化が、学校から、一方で遅れたものとして攻撃され、他方で代替文化を提供されるという二面攻撃を受けて、衰退し続けたのである。これが、明治以降の、学校と地域の、子育て（教育）をめぐる関係の基本である。

両者の矛盾は、前述のように葛藤を引き起こすこともあったが、その場合も国家をバックにした学校の方が圧倒的に強かったため、最終的にはどこでも学校の思い通りになり、地域の子育て文化は衰退し続けた。戦後、高度成長が始まるとともに、地域そのものも衰退するようになり、一九七〇年頃には、地域が子育てのためになしうることは何もないと感じられるようになった。教育は学校だけで十分だと見なされるようになったのである。しかし、八〇年頃から少しずつ、九〇年頃からははっきりと、そうではないことが気づかれ始めた。学校だけではまともな教育はできない、地域の協力が必要だと言われるようになった。しかるに、それまでは学校は、子供がきちんと育つためには学校の教育だけで十分と考え、地域の子育て文化を近代的な教育の障害と見なして、抑圧してきたのである。そして、そのことに成功して初めて、自らの力だけでは十分な教育ができないということに気づいたのである。学校と地域がどう協力し合えるかについての考察は、こうした歴史を踏まえたものでなければならない。

しかし、地域の文化は、学校との関係では後退を余儀なくされたが、日常生活ではまだ生きていた。日露戦争（一九〇四～五）後になってもなお、人びとは生活の大半を自然村の中で過ごしていたので、自然村の秩序、文化は根強く残っていたのである。そうした状況を根本的に変えようとしたのが、地方改良運動である。これは、内務省を中心として進められた町村の行財政改革運動で、一九〇八年の戊申証書を指導理念とし、報徳思想に基づいて展開された。日露戦争の戦費負担で疲弊した町村の財政基盤を立て直し公共投資を積極的に行うために、行政村*と自然村の二重構造の解消がめざされた。

*——一八八八年の市町村制施行等により、自然村がほぼ強制的に合併させられてできた村。内部にはまだ自然村の秩序がしっかりと残っていた。

具体的には、部落有林野の統一による町村基本財産の造成、神社の統一整理による一村一社化*、小学校統合による一村一校化**などであったが、なかでも重要だったのが、「小学校の天皇制イデオロギー教育のその後の継続を強固に阻害する、全国の村落にあまねく存在していた村落共同体の一秩序だった若衆《わかしゅ》組・若連中」（宮地正人『日露戦後政治史の研究』東京大学出版会、一九七三年、五二頁）の青年会への再編であった。

*――いわゆる神社合祀である。自然村に一つあった神社を、行政村に一つだけ残し、他は潰すこと。武内善信『闘う南方熊楠』勉誠出版、二〇一二年参照。

**――小学校は、同じ行政村内でももともとの自然村同士の対立があるため、行政村ではなく、自然村あるいはそのいくつかによって設立されている小規模なものが多かった。

若衆組・若連中は若者組とも言うが、村内の警備、消防、祭礼などを担当する、自然村の秩序、文化の中核的担い手だった。これが健全である限り、若者たちは、ひいては村人たちは、自然村の外の世界のことをあまり気にしないでも生活できた。それゆえ、若者組が、天皇制イデオロギー浸透の最大の障害となっていたのである。かつて市民社会派と言われた人たちは、農村共同体が天皇制イデオロギーの土台だと言っていたが、まったくの的外れだったのだ。子供たちは、小学校を出るとすぐ若者組に入ったが、そこでの生活に適応すると、それは近世に基本構造が作られたものであるため、小学校で習ったこと、とりわけ忠君愛国といった明治になってから言われ始めた、新しいことは忘れてしまった。そのため、補充教育が必要だと以前から言われていた。そうした課題を一挙に達成するために、若者組を、自然村から切り離し、行政村を単位とした青年会に再編し、天皇制イデオロギーを浸透させる手段にしようとしたのである。その目的を達成するため、ほとんどの場合会長は町村長、副会長は小学校長がなり、目標は上から与えられることになった。これもまた、学校と地域の基本的関係の一つである。それ以前から、学校（特に小学校）は、日本の最も共同体らしい共同体、地域の文化の主要な担い手だった自然村を解体し、天皇制イデオロギーを浸透させるうえで先兵としての役割を果たしたのであり、そのことをもって自己のレゾーン・デートルとしていたのであったが、その役割を、小学校卒業後（まだ、それ以上学校に行かない者の方が多かった）も継続しようというのが、青年会への再編の意味だった。

そのようなことがあってから時は流れ、自然村（部落とか字《あざ》と呼ばれている）がほとんど息の根を止められそうになったのは、戦後の高度成長の時代であるが、このときも学校は重要な役割を果たした。進学率が急上昇し、多くの若者が親より高い学歴を獲得したからである。私もその一人だが、彼らは地域に残ることを潔しとせず、当然のごとくに都会に出て行った。親子に学歴の差があったので、子が親とは違う生活を選ぶことにほとんど躊躇がなかった。そして、若者が大量に出ていった結果、多くの地域で青年団が維持できなくなり、村全体としても過疎化が問題にされるようになったのである。

このように、近代学校は、地域の子育て文化を抑圧しただけではなく、地域自体を解体させる主要な手段だったのである。それゆえ、困難な問題がいくつも出てきたからといって、いまさら地域に手を貸してくれというのは虫が良すぎると言えなくもない。だから、地域が学校に手を貸すことはありえないということになるわけではないが、両者の関係を考える上で、このような歴史は念頭に置いておくべきことである。少なくとも、学校は、地域に支援を求めようとするときには、何らかの形でこれまでの地域との関係について遺憾の意を表明すべきではないか、と私は考えている。

地域と学校の教育目的の違い

以上のように、地域と学校の関係の歴史は、大きな対立、矛盾を含んだものであったのだが、教育の目的も、両者においてまったく違うのである。というか、正反対の方向を向いている。地域の子育ての目的は基本的に現状維持である。それに対して、近代学校がめざすのは、つねに現在あるものを否定する衝動を持つ近代化であり、そのための、つまり新しい産業のための人材養成だった。それは、教育内容と社会移動の促進という二面で推進された。両者はほぼ、教育システムと選別システムに対応する。教育内容では、伝統的文化を否定し近代化（＝西欧化）を理想と見なすよう促した。

社会移動とは、支配層から見れば、優秀な者を選抜し、地域から引き離し、中央に引き付けることである。従って、地域に残るのは、劣等者、敗残者ということになる。そのように見なす傾向は明治以降一貫してあったが、進学率が上昇し始め、高等教育に進むのが一部の特権階級に限定されなくなりつつあった一九五〇年代には、そうした見方は、当事者にとってはきわめてつらいものとなった。大学進学の力がありながら長男であるために進学を諦め、田舎に残って家を継いだ者は、そのことで自分を敗残者と見なさなければならなかったのである。一九三五年生まれで、現在では有機農業運動のリーダー、農民詩人として活躍する星寛治は、米沢興譲館という進学校に進みながら、長男であるために進学を諦め、就農しなければならなかった。そのときの心境を、次のように語っている。

九割以上の生徒が進学を目指すという雰囲気の中では、ストレートに就農するという規定のコースへすんなりと進むのは、耐えられない毎日だったですね。……その辺の心境というのは当事者でないとわからないというものがあるので、ストレートに就農というのは完全に例外中の例外、これは挫折というより落ちこぼれというような、敗北者だったんです（佐藤歩由「文化としての有機農業――山形県高畠町の実践――」、二〇一二年に一橋大学に提出した修士論文、八五頁。インタヴューを著者が再構成したもの）。

明治以来学校は、立身出世の手段だった。立身とは自己の能力を高めることであり、出世とは地域を出て中央に近づくことである。そして、能力とは、第1章第3節で述べたように、実態というよりは、社会的評価の問題であり、出身学校と同一視されるようになった。そのため、それなりの学校に進学しなければ、自分の能力を社会的に認知させる可能性はほとんどないようになった。だから、進学を諦め地域に残ることは、自分の可能性を閉ざすことのように感じられたのである。

近代学校は、教育システムが関わる教育内容によってだけではなく、選別システムが関わる社会移動の促進によっても、地域を否定的に見るように訓練してきたのである。故郷に錦を飾るという言葉があるが、これは故郷に帰って故郷を豊かにすることではなく、中央で成功した自分を、故郷の人々に見せびらかすことである。生活の拠点は都市にあった。二〇世紀になると、都市に住み、ほとんど故郷に帰らない人々が大量に出現した。一九一四年に発表された文部省唱歌「故郷」（高野辰之作詞、岡野貞一作曲）は、そのようの人々の心情と共鳴したのである。

実際には生活の拠点はすでに都市に移り、帰郷はもはや一時的・断片的にしか可能ではないのである。……「故郷」の歌では、実は経験したことのないもの、つまり記憶しようのないものの記憶が構成されている。なぜなら、その土地にいたときには、そのような美しい風景として生活を経験したかどうか疑わしいからである。それは生活の拠点を移し、対象化が行われたとき、その対象の不在を媒介にして、想像力の中空に浮かび上がった光景なのである（内田隆三『国土論』筑摩書房、二〇〇二年、七六頁）。

「故郷」は、ふるさとに生活する人の歌ではなく、ふるさとに帰る気のない人の歌だったのだ。しかし、彼らは、そうした生活に基本的に満足していた。故郷に残った人々に対して優越感をもてたからである。残った人々より学歴が高いことは、そうした優越感の重要な要素の一つだった。

以上のように、近代学校は地域の価値を否定し、最終的には地域の解体に手を貸したのであり、また、地域に対して優越感を持つことを助長してきたのである。偶々そうなったのではなく、近代学校はこのような社会的機能を果たすこと（＝近代化の促進）を目的として作られたのである。

このような近代学校に地域が、教育に関して協力できると考えるのは、あまりに安易である。そう考えるのは、近代学校の教育も地域の子育ても、子供の成長に関わることだから同じようなものだろうと考えるからであろうが、両者は、成長した子供が生きていくと想定されている社会がまったく違う。近代学校の教育が想定しているのは、基本的に何が起きるか分からない未来社会であり、変化に無条件に適応することが期待される社会である。そして、変化の方向は必ず人間にとって望ましいものであろうと想定されていた。この想定は最近はかなりあやしくなっているが、それはともかく、伝統と現在は否定して、まだ存在しないものに向かって突き進むようになることが期待されている。だから教育学者も、「無限の可能性」などと、荒唐無稽で無責任なことを言うのである（勝田守一『人間の科学としての教育学』国土社、一九七三年、二二五～九頁）。未だに勝田を有難がる人がいるので、批判する理由を一言だけ述べると、勝田が無限の可能性の根拠としているのは、宇宙飛行士が出現したことをもって「宇宙という人間の環境を変革しつつある」ことだとするという、まったくの無知に基づくことだけである。

近代学校の教育が想定している、成長した子供が生きる社会はまだ見えないものであるが、地域の子育てが想定している社会は、目の前の現実である。今生活している地域を維持することである。改良は望むが、激変は望まない。伝統をしっかりと受け継ぐことも大切にする。競争させ、選抜するのではなく、全員を一人前にすることを目的とする。一人前のモデルは、未来社会に現在では誰も持っていないような能力によって適応していく人間ではなく、目の前にいる普通の大人である。一言で言えば、地域の子育てがめざしているのは、等身大で生きることに価値を見出せるようになることである。

地域と学校が協力し合うために

以上の地域と学校の関係の歴史と両者の教育（子育て）の目的の根本的な違いを踏まえると、地域と学校の協力について考える際に、弁《わきま》えておかなければならないことが少なくとも二つあると思われる。

第一は、地域が協力できる教育内容は、自ずと限定されているということである。まず、何よりもそれは、選別システムに手を貸すようなものであってはならない。なぜなら、近代学校が選別システムであることが、地域を衰退させる基本的な力だったのだから。「学力をつける」といったようなことを目標とすると、最終的には地域を否定することになりかねない。社会適応を困難にするほど低学力の子に基礎学力をつけるということなら、やっても良いかもしれないが、これも、全国学力テストの平均点を上げるといったことに集約されてしまう可能性があるので、危険である。学校に任せた方がよい。

地域が教育力を発揮するとするならば、むしろ逆に、選抜システムを相対化することに主眼を置くべきであろう。第1章第3節で述べたように、現代の学校で最も重要な問題は、選別システムが教育システムを圧倒していることである。地域が教育に関わることの重要な意義の一つに、そうした状況に対し、適切なバランスを回復させることがある、と思う。そのためにできることの基本は、世の中には、個々人に差をつけることではなく、皆が共通に身につけることに意味があるようなものがあることに、気づかせることである。それには、地域の自然の理解、伝統芸能の継承、地域の産業、とりわけ地域の自然・人と関わりの深い第一次産業の理解と実践、地域の歴史の探求などがふさわしい。これらは、前節で述べたパトリオティズム、さらには郷土自慢に繋がる可能性があるが、そのことは特に問題にする必要はない。前述のように、ナショナリズムがとかく敵を必要とするのに対し、パトリオティズムは必要としないのだから。自分の郷土を愛するために、他の郷土を貶める必要はまったくない。なぜだろうか。たぶん、郷土自慢はそれ自体で完結した感情であり他との比較を必要としないということと、他地域の郷土自慢との本質的な同質性が心情のレベルで理解されているからであろう。

要するに、地域が支援する教育は子育ての伝統に則ったものでなければならない、ということである。地域の子育て文化の中でもとりわけ、世の中には選別システムが与える価値とは別の価値、全員が同じようにできることに意義があるような価値があることを、伝えたい。そしてできれば、学力の高低に関係なく、誇りを持って生きていく道が地域にはあることを、伝えたい。

弁えるべきことの第二は、学校と地域は対等でなければならない、ということである。前述のように、歴史的には、学校は地域に対して優越感を持つとともに、その文化を一方的に否定してきた。そうした伝統を背景にした関係が、今も残っている。地域の人々が学校に協力するにしても、学校がカリキュラムのすべてを作り、その中の一齣に協力してもらうだけのことが多い。地域の人々が学校の教育方針や、カリキュラムに物申すことは、まったく想定されていない。地域に伝わる伝統芸能を教える人は、その時間だけ学校に来てくれればよい、ということになっていることが多い。尤も、作物栽培の援助をしている場合は、必要性が明らかだから、気軽に学校に時間を取ってもらって、その作物の話をする、ということもあるようである（全国農業教育研究会『農業教育研究』三五号、二〇一一年、一八頁）。けれども、一般的には、子供に何が必要かは、学校がすべて分かっているということが前提になっている。しかし、関係が対等でなければ、真の協力はありえない。学校は、これまでは地域に対して優越感を持ち、一方的にその文化を否定してきたことをきちんと反省し、謙虚にならなければならない。

二〇年ほど前のことだが、学校と保護者の関係に関するある研究会に出た時、報告者の一人だった小学校の校長が、保護者という言葉と地域の人々という言葉を使い分けていた。地域の人々は学校に協力する良い人々だが、保護者というのは学校にとんでもない要求を突きつけてくる困った人々だった。しかし、保護者は、地域の人々のなかでも学校にとって最も重要な人々であるはずである。それを、非難の対象としか見ないというのは、教育のことで何が正しいかは学校がすべて分かっているという思い上がりがあるためではないだろうか。そうだとしたら、大切にしているらしい地域の人々のことも、心の奥では下に見ているのではないかと推測される。

新しい可能性

ここまで、主に、地域は学力と言われているものの価値を相対化しなければならない、それとは別の価値を提供できなければならないということを述べてきたのであるが、現実には、全国的に統一された基準（『学習指導要領』）に従って学力を上げるという縛りが非常にきつい。そのために、それ以外の独自のものを作り出す余地がほとんどない。学校でやるべきことの大半はすでに決まっているのだ。一部を変えようとしても、学力の低下を招く恐れがあるとされ、潰されてしまう。このことも、地域が学校に要求を出しにくい理由の一つとなっている。例えば、教師、生徒、父母、地域住民による学校をどうするかという話し合いがなされたとしても、制服や頭髪をどうするかといった学習にとって周辺的なことしか話し合われないことが多い。地域独自の教育をしたい、といった要望は出しにくくなっている。

地域がそうした状況を克服するには、地域には、学校、とりわけ選別システムとしての学校とは別の価値がある教育を提供できるという自信を持たなければならない。高原野菜などで農業が元気な長野県川上村の村長藤原忠彦は次のように述べている。どの地域もこのような気概を持ちたいものである。

地方は地方の、地域は地域の教育方針をもって、地方の文化や資源、人材を使いこなす人材を育てていかなければならない。……先生が新しく赴任してきたときには、文科省のカリキュラムとは別のカリキュラムを作って、それで子供の郷育（藤原の造語）をやってほしいとお願いしています（『季刊地域』Spring 2014, No.17. 農文協、一一二頁）。

学校も、このような地域の気概をしっかりと受け止め、学校的価値とは異なる価値であっても、子供にとって必要なものかどうかを考えて、必要と判断したならば、敢えてそれを受け入れるだけの度量を持ちたいものである。そのようになれば、地域と学校がそれぞれ独自の価値を提供していると認め合うことになり、両者は対等な関係になる。そして、そうなって初めて、地域と学校の協力は実りあるものになるであろう。
しかし、地域にはそれ以上の可能性がある。同じ長野県の泰阜村《やすおか》では、よそ者のＮＰＯと村の力が、そしてさらに子供たちの力も相乗作用して、単に学校教育の充実とか地域の再生といったことを超えた成果を生み出している。一五から二〇名の山村留学の子供たちの宿舎「だいだらぼっち」（民話に出てくる大男のこと）があり、そこから村の小中学校に通うのだが、生活の基本は、手の届く範囲の自給自足である。それは不便な面もあるが、その不便さを楽しむというところまで子供たちの意識が変わっていく。これは、現在日本全体に必要とされている価値転換の方向の一つである。具体的な内容を紹介する余裕はないが、次のようなスタッフの一人でもある著者の自負には、十分な根拠がある。

創成期の（ＮＰＯの）スタッフの教育観と粘り強い実践力、若いスタッフの価値観とみなぎるパワー。未来を生きる子供の力。そして泰阜村の自然と人々の暮らしがもつ包容力と教育力。それらの力と価値観を信じぬき、あきらめずに実践を続ければ、泰阜村の山村教育が日本を再生する切り札になるのではないか。そんな可能性を心の底から感じるのだ（辻英之『奇跡のむらの物語――一〇〇〇人の子どもが限界集落を救う！』農文協、二〇一一年、二六五～六頁）。

この節では、学校と地域の関係を考える上で、重要であるにも拘らずほとんど注目されることのない、学校には地域を否定する傾向があるということを中心に見てきたが、逆に、学校が地域を振興する力になることももちろんある。そのことについてまったくふれないと、バランスを欠くことになるので、一言ふれておきたい。

学制当時から、学校は地域の発展になくてはならないものだと考え、学校設立のために献身的に努力する人々がいた。そうした人々の努力があったからこそ、比較的早期に、学校は全国に設立されたのである。当局も、必要な財源等を十分に確保する余裕はなく、そうした努力を当てにしていた。このことは、国が、画一的な教育を押し付けながら、財政的にはできるだけ地域に負担させようとしたとまとめるか、開明的な地域の人々の自己犠牲的な努力を中心にまとめるかでまったくニュアンスの異なったものになってしまうので、一言でまとめるのは難しいのであるが、次のようなこともあったのである。

日本の近代学校は、制度管理と教育内容に関しては確かに「オカミの学校」なのだが、学校の維持運営面では「地域の学校」の側面をもたされていた。校地・校舎は地域住民の責任で調達され、教員の給与も一九四〇年までは地域負担とされてきた。国庫からの補助は、一八七〇年代で打ち切られ、一八八一年から一八九六年までは皆無、以後一九二〇年代までは雀の涙程度にすぎなかったのである。ということは、地域の名望家層の主導による地域住民、つまり親たちの金銭的・労力的な協力が学校の維持に不可欠だったし、それは家族財政に権限を持つ（父兄）集団の協力にほかならなかった（佐藤秀夫『学校教育うらおもて事典』小学館、二〇〇〇年、三八頁）。

地域の学校を、自分たちの学校と感じさせる要素も、最初からあったのである。そして、伝統的文化を衰退させながらではあるが、時とともに、学校は地域文化の一環として定着していった。さらに、現在では、過疎化が進行し、地域そのものの存続が危うくなっているところもある。その中には、学校を存続させることによって地域を維持しようとするところもあるのである。

小規模特認校という制度がある。従来の通学区はそのままにして、特定の学校に市町村のどこからでも就学を認めるのを特認校と言うが、そのうち小規模のものを小規模特認校という。文部省（当時）は一九九七年に通学区の弾力的運用を通知し、小中学校は各市町村教委が指定できるようになった。通学距離が長くなるので、通学には地域住民の協力が必要だが、それが却って地域活性化の一つの要素ともなっている場合がある。長野県伊那市の新山《にゅうやま》小学校もその一つで、全市から通える。それには送迎ボランティアなどの住民の協力が必要だが、その一人は、「子供たちの声が聞こえる地域には元気がある。そんな地域にしたくて続けている」、と述べている（『信濃毎日新聞』二〇一三年六月二六日付）。

それでも子供が確保できなくて、全国から募集する場合もある。愛媛県上島町では、高井神小中学校が休校に追い込まれそうになった一九九六年に、住宅四戸を新築し、全国の小中学生がいる家族にインターネットでIターンを呼び掛け、存続させた。沖縄県竹富町の鳩間島では、向かいにある西表島で廃校が引き金になり廃村に追い込まれた村をいくつも見ていたため、「学校がなくなるとしまがなくなる」との思いから、児童養護施設と連携し、里親制度を利用して学校を存続させた（二つの例は藤井美香「島嶼部における学校の意味」青木康裕／田村雅夫編『闘う地域社会——平成の大合併と小規模自治体』ナカニシヤ出版、二〇一〇年)。公共の施設である学校さえあれば、何とか地域は維持できるようである。学校が地域を存続させる最後の砦のようになっている。変われば変わるものである。

すでに地域と学校の新しい協力関係が、各地で、必要に迫られて、しかし創造的に、生み出されているのである。そこには、地域は学校に協力すべきだという一般的なスローガンには含みきれない、豊かな内容がある。それは、協力関係が、両者が共に意義を見出すものになっているからである。

換言すれば、両者の有機的な関係が成立しているのである。有機的とは、諸部分が一体となって統一的な全体を構成し、それまでになかったものを創発させるということである。そのためには、地域が学校を援助するという一方的な関係ではなく、両者が支え合うような関係にならなければならない。しかし、そのことは、特に意識する必要はないかもしれない。純粋に相手のことを思ってする援助は、援助が受け入れられること自体が見返りになる。例えば、地域が学校を、伝統文化を伝えるということで援助できたとしたら、そのことは、伝えている人に生きがいを与える等、それ自体が学校による地域への援助になるであろう。また、子供たちが地域のことを学び、その活性化に貢献したとしたら、地域は子供たちに、かけがえのない学習テーマを与えたことになる。そうした関係が豊かになれば、予想もしなかったものが生み出されてくるであろう。歴史的な紆余曲折を経て、地域と学校は、お互いになくてはならない存在だということに今初めて気づいている。その気づきがもたらした可能性は、まだそのごく一部しか発見されていないのだと思う。

さらなる可能性を見出すために必要なスタンスをスローガンにまとめると、「学校は謙虚に、地域は大胆に！」といったものになるであろう。これが、日本に近代学校が設立され始めてから一四〇年余りの、地域と学校の関係の歴史からの教訓である。

地域を利用した学校バッシング

本節の最後に、ここまでの記述とはまったく別の論点について、一言ふれておきたい。それは、最近、地域が学校を攻撃するために利用されることがあるということである。行政が、教育現場への「恫喝のアイテム」として住人の声を使い、学校に何かを押し付けるのである。橋下徹大阪市長がよくやるようだが、

「親が文句を言っている」といって学校を視察し、あらさがしをして攻撃し、自分と相容れない学校関係者を排除するというあざとい戦略だ。学校バッシングで煽られた地域住民や保護者は学校の味方にはなってはくれない（岡崎勝「俺のとは違うなぁ」『現代思想』二〇一四年四月号、青土社、九一頁）。

これは地域と学校の関係ではなく、行政（政治）と学校の関係である。地域は利用されているだけである。地域も、学校と同様に、外部（主に行政とマスコミ）からの圧力により、自律的な作動を阻害さ

れている（地域の総意が、自律的に、反学校的なものにまとまるという事態は、想定しがたい）。橋下市長は、自分は選挙で選ばれたのだからそうする権利がある、気に入らなければ次の選挙で自分を落とせばよい、と言うが、民主主義というのは、期限付きの独裁者を選ぶものではない。どんな形であれ、独裁者が生まれるのを阻止するためのものである。

地域が行政による学校攻撃のために利用されているという証言を、もう一つ紹介しよう。

学校を公開するということは、もともと現場が望み、始まったのではない。地域や保護者と学校・教師の間にくさびを打ち込み、現場が望まない政策を、行政が進めるために作り出されたイメージ戦略でもあるだろう。そもそも学校を公開するということは、学校や教育界が閉鎖的であると思わされ、外部者によって不満や不安が、意図的に醸成されてきたことが背景にある（松田茂利『学校の先生は休めない』光陽出版社、二〇一一年、一九六頁）。

この引用だけでは誤解されそうだが、学校の公開そのものに反対しているのではなく、それが現場が望まないことを押し付けるために利用されていることに反対しているのである。

学校によっては、地域に協力を求めるどころではない、というところもあるのである。

3 家族

家族システムと学校の諸システム

家族は、親密さをメディアとするコミュニケーションを要素とする、社会システムである。もちろん、いつも親密さに満ちたコミュニケーションがなされているということではなく、親密さによって成員が結びついていることを前提とした、コミュニケーションがなされているということである（却って、家族外の関係以上に憎しみが増大することもある）。そのため、いついかなるときにも、抽象的な個人は存在しない。個人は、独特の身体及び独特の個性を持った、トータルな存在として扱われ、どんな行為も、誰がしたかによって意味が異なったものになる。

家族以外の社会システムでは、個人は、基本的に、特定の面のみが注目されるのであり、部分的、あるいは抽象的な存在として扱われる。学校は中間にある。学校を構成するシステムのうち教育システムにおいては、子供は可能な限り、身体及び個性を持った、具体的でトータルな存在として扱われる。しかし、学校を構成するシステムのうち選別システムにおいては、数字だけが問題であり、子供は基本的に抽象的な存在として扱われる。

すぐれた実践記録では、教育システムにおいて教師と子供との非常に親密な関係が成立しており、すべてのコミュニケーションが親密さをメディアとしているように見えるが、教師と生徒は一つの役割であり、そこから逸脱すること、つまり、お互いの役割を意識せずにコミュニケーションをしたり、無限定な関わり合いを求めたりすることは、普通はない。それは、コミュニケーションが行われる場が、時間的、空間的に限定されていることが大きな理由である。家族はこの点が違う。コミュニケーションの場が限定されていないので、一旦成員の間に対立が生じると、一方的にエスカレートする傾向がある。

例えば、戦後、教育界のみならず、社会的にも大きな話題となった『山びこ学校』(無着成恭、岩波文庫、一九九五年、初出は一九五一年)では、教師と生徒の間に家族以上に親密で全面的な関わり合いが実現しているように見える。しかし、無着は、生徒に対し家族のような愛情を持つとともに、教師としての役割を自覚し、教師としての客観的な目で生徒たちを見ていた。だからこそあのような「指導」が可能になったのであり、だからこそ却って、あのような深い関わりが可能になったのである。そして、そうしたことが可能になったのは、コミュニケーションが限定されていたからである。当時はまだ、教師に権威があり、生徒の側に遠慮があった。だから無着には、生徒にどんなに愛情深く関わっても身動きが取れなくなるようなことはないという、おそらく無意識の安心感があったように思われる。そこが、家族における人間関係と違うところである。

教育システムでは、一見無限定のように見えても、親密さにある種の歯止めがあるということである。しかし、教育システムでは、普通は、親密さも目標として追求されている。その点は、他のシステムとの違いである。他のシステムでは、親密さは、システム本来の目標を達成するための手段である。親密さを重視するとしても、目標を達成するためには、親密さがあった方が効果的だから求めているにすぎない。しかし、教育システムでは、教育の効果（学習内容の理解）とともに、教師と生徒の関係、生徒同士の関係が親密になることも目的として意識されていることが多い。そこに教育システムの独自性の一つがある。しかし、親密さそれ自体を求めることはない。教育システムを作動させるとき、それと同時に親密さが求められるのである。その意味で、親密さは副次的な目的である。しかるに、家族では、親密さそれ自体が第一に求められるのであり、そのことがそこでのコミュニケーションを独特のものにしている。それゆえに、家族は一つの機能システムなのである。

このような家族システムと学校の諸システム、その中でも教育システムおよび選別システムとの関係を本節では考えるのであるが、最初に基本的なことを確認しておきたい。それは、すでに何回か述べてきたが、近代社会は機能的分化社会だということである。それぞれの機能システムは閉鎖的かつ自律的に作動し、他の機能システムに直接に作用することはない。構造的カップリングといわれる、互いに影響し合う関係が成立することはある。しかし、その場合も、影響を与える方のシステムが影響の内容を決定するのではなく、影響を受ける方のシステムが、独自のオートポイエーシスの論理に従って影響されるのである。

家族と学校の諸システムとの関係も例外ではない。両者に同一の子供が参加しているので、影響関係は直接的のように見えるが、子供は、どちらのシステムにとっても要素ではない。ここがルーマン社会学の理解のポイントである。社会システムの要素はコミュニケーションなのである。コミュニケーションの違いが別の社会システムを形成する。同じ子供が、家族といるときと学校にいるときでは、異なるコミュニケーションに参加している（第1章第3節で述べたように、学校においても、教育システムに参加しているときと選別システムに参加しているときでは別のコミュニケーションに参加している）。テーマが違うし、言葉使いも違う。子供によっては、まったく性格が違って見えることさえある。人間は自分がいる場と自分との関係についての感覚は非常に敏感である。そこで何をしてよいか何をしてはならないかは体全体で感じるので、勘違いすることは少ない。小学校低学年の児童が、教師を親と勘違いすることがあるが、ごくたまにであり、短時間のことである。

家族システムと学校の諸システムでは異なるコミュニケーションが交わされているのであり、そのことでそれぞれが別のシステムとして形成されているのである。そして、それぞれが自律的に作動しているので、影響を与え合う必然性があるわけではない。例えば、最近は保護者を教育に参加させようとする大学が増えているが、おそらく一九八〇年頃までは、大学でのコミュニケーションと家族とのコミュニケーションはほとんど無関係だったのではないだろうか。以上のことを確認したのは、とかく家族と学校の関係は一体のものとして、情緒的に見られがちであるが、そうではないということを確認するためである。いわば、両者の関係を「冷めた目」で見られるようになるためである。

家族の教育力の再生

以上を前提に、最近、学校に関連して家族が話題になることが多いが、そのうちの二点について本節では考えてみたい。その一つは、家族の教育力（の再生）ということである。これも、地域の教育力が話題にされるのと同様に、学校だけでは子供の教育の必要に対応しきれないということが気付かれたために言われていることである。

しかし、この提言には一つの錯覚がある。その前提が誤っている。それは、国民は全体としては非常に多様な考え方をし、多様な生き方をしているが、一度《ひとたび》教育のことになると一致しうる、というものである。教育関係者にはそう考えたがる人が多いようであるが、代表的なものを一つ紹介しよう。

父母の教育的関心あるいは要求を組織するためには、その多様性から、次第に基本的な願いを意識化する作業を経て、教師の専門的指導性と親たちの生活体験との相互の交流のなかで、子供の成長の意義を中核にして、多様な要求を統合しなければならない（堀尾輝久『現代教育の思想と構造』岩波書店、一九九二年、三六五頁）。

多様な人生観を持っている人々が、子供の成長という観点に立つと、要求が統合されるようになるということだが、そんなことはありえない。そう考えるのは、家庭と学校は、子供の幸せという一点では協力し合えるはずという情緒的理解があるためだと思われるが、求められている幸せの内容が多種多様であるのだから、社会科学的検討に堪えない。大体、子供と接しているときにすることの大部分は、ほとんど無意識のうちにしていることである。無意識にしていることを自覚し、それをコントロールするということは、ほとんど不可能である。ましてや、それを国民的に統合された要求に沿うものにするように努力するなどといったことはありえない。そんなことは、少し考えただけでわかることである。

それに、万が一、国民の教育要求が統合されるようなことになったとしたら、それは望ましい事態とは言えないであろう。個人の教育の自由が侵されてしまう。いや、家族の教育力の再生というのはそんな大それたことではなく、もう少し親が子供の教育に関心を持つべきだということにすぎない、と考えている人もいるかもしれない。しかし、現在のように関心の方向がバラバラのままで、その強度が強まったとして、何が変わるだろうか。良くなることもあるかもしれないが、悪くなることもあるであろう。総体としては良くも悪くもないという、無意味な結果しかもたらされない。

従って、家族の教育力の再生という提言は、不可能であるか無意味であるかの、どちらかである。教育問題に関する提言には、その意味も効果ははっきりしないが、言ってみることに意義があるような提言が多い。問題は深刻だが、原理的な問題ではない、現状の枠組みのままでも努力すれば何とかなる、改善の可能性は十分ある、という雰囲気を作りだすためだけに言われる提言である。家族の教育力の再生もその一つである。前節で検討した地域の教育力の再生ということも、現状では同じような効果が期待されている場合が多い。教育経営学の視点から、次のような指摘もある。

教育関係の答申や報告を……「小さな政府」への国の改革動向と重ねてみれば、学校と家庭、地域の連帯を求めるという提言は改革の主体を不明確にし、家庭、地域の教育力低下という現実のなかで、児童・生徒に対する教育責任の放棄につながる恐れもある（堀井啓幸「学校改善を促す教育条件整備」日本教育経営学会編『社会変動と教育経営』第一法規、二〇一三年、七頁）。

こうした提言が責任放棄に繋がるのは、提言した人々が責任を果たしたという形を作ったことで満足し、それ以上のことは考えなくなるからである。政治などでよくあることだが、様々な困難な問題が生じ、解決策が容易に見つからない状況に直面したときに、そのことを率直に認めてどうしたら良いか対話を呼びかけるのではなく、特効薬になりそうなものに飛びつき、それさえ実現すればすべては解決するかのように言うことがある。そうすれば、答申や報告を作った人々は、核心をついた提言をしたことに、つまり責任を果たしたことになる。地域や家庭が、そのために使われているのである。

不平等研究

もう一つ、家族と学校の関係で最近しばしば話題になることは、不平等の問題である。家族間の経済的、文化的不平等が子供の学力に反映し、その結果不平等が再生産されている、と言われる。学校が家族間の不平等を再生産している、というのである。これも、問題を取り違えている。この問題に直接関わっているのは、学校の全体ではなく、選別システムとしての学校であろう。これは、確かに人々に順番をつけている。しかし、それをどう利用するかは利用するシステムが決定することである。選別システムの出す結果を利用しているシステムはどれも、自律的に利用しているのであり、そのことに関して選別システムは責任がないのである。

それに、家族間の不平等は、選別システムが主要に作り出しているのでもない。それは、経済システムや政治システムが複雑に関わって実現しているのであって、選別システムとしての学校は、基本的に利用されているだけである。例えば、選別システムが選別をやめて、全員に同じ点数をつけたら家族間の平等化がいくらかでも進展するかというと、そういうことはありえない。選別システム、あるいは学校が不平等を再生産しているという見方は、できるだけ学校の役割を大きいものと見たいという欲望の結果にすぎない。

百歩譲って、家族間の学習環境の不平等が、学力に影響を与え、不平等の再生産に一役買っているとしよう。しかし、何が不平等を構成するかというと相当に複雑で、その点を不平等研究は極端に単純化している。指標として親の学歴や職業が選ばれることが多いが、指標として適切であるということよりも、指標にし易いから選ばれているだけである。また、学力差には社会関係資本なるものが影響しているという説もあるが、これも相当に恣意的な指標である。

離婚率の低さに示されるような家庭、家族と子供のつながり、持ち家率の高さにあらわれるような地域・近隣社会と子どものつながり、不登校の低さに結びつくような学校・教師と子どものつながりが、それぞれに豊かな地域の子どもたちの学力は高い。それに対して、それらのつながりが脅かされている地域の子どもたちの学力は相対的に低い（志水宏吉『「つながり格差」が学力格差を生む』亜紀書房、二〇一四年、一七頁）。

こんなことが分かったとして、一人ひとりがどう生きるかということについて、何か意味のあることが言えるのだろうか。都道府県の平均で考えているからまだいいようなものの、個人を問題にしたらどうなるのだろうか。例えば、離婚している親に対して、お子さんの成績が悪いのはあなたたちのせいですよ、復縁しなさい、とでも言うのだろうか。それこそ余計なお世話ではないか。これは、研究者の、業績の数を増やすためだけの研究の典型である。

このように、不平等研究は、その成果を具体的な生き方に結びつけようとすると、わけの分からないことになる。もし、すでに存在している家族間の不平等をなくそうというのであれば、その指標は親の学歴や職業であるから、これからなくすことは不可能である。それとも、そうした不平等に関係なく、どのランクの家族も、学力において出来の良い子と悪い子を同じ割合で含むようになることをめざすのだろうか。しかし、そうなれば、学力はその子の能力を家族の条件に左右されずに正確に表しているということになり、現在ある差別を正当化することになる。これは却って困ったことではないだろうか。

不平等研究は、不可能なことか、あるいは実現すればさらに差別を助長することをめざしているのである。

しかし、そのことが明らかになることはない。不平等研究が、何をめざしているか明言されることがないからである。ただ、何となくの読者の正義感に訴えているだけのように見える。不平等研究に意味があるのは、特定の階層とか女性が、特定の学校から排除されているような場合である。現在の日本のように、誰でもどの学校にも可能性としては行けるようになっている場合には、不平等研究はほとんど意味を持たないと思われる。

学校が社会の改良を促すと期待されることがある。不平等もその一つで、かつて進学率が急上昇している時代（一九六〇年前後）に、誰もが行きたいだけ学校に行くようになれば社会的な不平等も解消すると期待する向きもあった。例えば、教育行政が専門の五十嵐顕は次のように言っていた。

> 国民はすべて教育の機会を平等に与えられなければならないという、教育の機会均等化の思想は、それだけで独立した価値をもっているといえるであろう。「それだけで」と言うのは、この原則は均等化された教育機会の教育内容やその教育によってもたらされる社会的成果について語るのではないけれども、教育を普及するというそのこと自体において、教育的価値を主張しているという意味である（『民主教育論』青木書店、一九五九年、九八頁）。

教育の機会均等化を実質的平等のように捉えていることは明らかに誤りであるが、それにしてものどかな時代があったものだと思う。教育が、内容に拘わらず、普及すること自体が善だと見なされていたのだ。そして、教育が普及することによって社会的な不平等も解消していくと考えられていた（引用文ではほのめかされているだけだが）のである。

しかし、結果はまったく期待外れだった。家族の不平等を始めとする社会的不平等は、学校とは無関係に、それなりの条件があって成立していることだから、そうした不平等をなくすためには、そもそもそれはなぜ存在するのかということを一つ一つの事例に即して考えなくてはならない。それをせずに学校に期待するのは、ただ何とかなるかもしれないという一時的な期待を抱かせるだけの効果しかない。前述の家族の教育力の再生と同様の構造である。学校と家族のどちらが独立変数になるか（他方は当然従属変数）の違いがあるだけである。

問題のある家族への教育関係者の介入

以上二点は、家族システムが学校の問題にどのような影響を与えうるかというものであるが、逆に、家族システムに問題があり、学校（教育関係者）がそれに介入せざるをえない、という場合もある。例えば、教育科学研究会編『子どもの生活世界と子ども理解』（かもがわ出版、二〇一三年）に登場するのは、3・11の被災地の子供、貧困・虐待の中で育った高校生、不健康な小学生、いじめ、不登校、非行の子供とその親、学童保育で暴れる子供（親の育て方に問題があるとされている）、児童相談所一時保護所に保護された虐待を受けた子供、発達障害を持つ子供（親に問題があるというより、支援が必要）、ひきこもり経験を持つ若者、等である。いずれも、家族に大きな問題があるために「困難を抱える子どもたち」が、教育者の献身的援助により、現状を克服していく物語である。取り立てて問題にされることもなく生活している普通の家族の普通の子供は出てこない。それなりに学校に適応して少しでも成績を上げようとしている子供やそれを応援している家族は、まったく視野の外にある。なんだか変である。

取り上げられているのはいずれも価値ある実践である。登場する人々の献身的努力には頭が下がる。しかし、それらの事例は、現在における家族の問題を考えるというよりも、教育者の存在意義を確認できるという観点から集められているように思える。そして、そのために、今日における子供のあり方を総体として見る（個人の総体という意味でもすべての子供という意味でも）ことができなくなっているのではないだろうか。もちろん、誰にも子供の総体は見えない。そうしようという志向性があるのかということである。共著者の中でただ一人、筒井潤子が、これらの事例に関わる者のスタンスから生まれる問題に自覚的で、次のように書いているのが救いである。

援助者が、自己を保つために、援助者自身の自己愛の満足を求めることはある意味で当然のことといえる。しかし、あまりに厳しい状況の中では、それがゆがんだ形で現れることがある。今行われている「教員評価」を批判しつつ、別の形での評価によって援助者の「自己愛」を満たそうという動きが無意識のうちに出てきてしまう。子供の笑顔が、「今まで出会った先生のなかで先生が一番!」と称賛してくれる。「みんな元気で明るいクラス」が、自分の「すごさ」を証明してくれる。また、吹き荒れる「子ども批判」の嵐と、子供を能力の束と見なし個別の能力の向上をめざす(支配的な—引用者)動きへの批判の大きさに比例するかのように、「美しい子ども像」が増幅され、「よさを認める」という名のもとに、結果的には、子供の存在そのものではなく、子どものよいところ=子どもの能力の一部を評価するという、ゆがみが生じてくる(前掲『子どもの生活世界と子ども理解』二三三~四頁)。

この本で紹介されているような、教育関係者が内部まで立ち入らざるをえないような問題を抱えている家族が存在するのは、事実であろう。しかし、そこにあるのはどれもその家族に固有の問題である。どの家族にもある普遍的問題、家族であるということから必然的に出てくる問題が顕在化している、というわけではない。

家族と学校は密接な関係があるように考えられているが、具体的に検討して見ると、それほどでもないというのが本節の結論である。まず、家族(家庭)一般が学校に協力することはありえない、ということを確認した。次いで、学校が家族の問題を解決する(不平等をなくす)ことはありえないということを確認した。さらに、学校(教育関係者)が家族に積極的に介入して家族の問題の解決にあたっている事例について検討したが、家族と学校の普遍的関係は見出されなかった。

家族システムと学校の諸システムは、何度も言うようだが、それぞれ近代社会の機能システムであり、独自の論理で作動している。どちらにも多くの問題があることは確かだが、その解決のためには、まずそれぞれの問題を、それ自体としていかなるものかを検討する必要がある。安易に他の機能システムと関連づけても、却って問題の本質を見えなくするだけである。

4　社会的イシュー

学校による社会的イシューの受け止め方の二つのパタン

学校は全体社会を構成する部分社会であるから、そこで発生した問題はすべて社会的イシューである。しかし、この節で扱う社会的イシューは、学校の外部の社会（正確には、全体社会の内部に存在する、学校以外の部分社会）で発生したイシューのことである。それを、学校で教えるべき問題と見なし、教育内容に取り入れるように働きかける人々がいる場合がある。しかし、学校はすでにいくつものオートポイエーシスとして作動しているので、それを取り入れるかどうかは、その内容の重要性、子供の成長にとっての意義等だけで決まるわけではない。そうしたことよりも、学校のオートポイエーシスとの適合性が、取り入れるかどうかを決める最も重要な要素なのである。

そうした、外部からの圧力（要請という形であっても、抽象的には一つの圧力である。それゆえ圧力という言葉で統一する）との関係で、学校が取る行動に、その圧力の強さによって、二つのパタンがある。一つは、外部からの圧力が強く、学校のオートポイエーシスを無視して取り入れられる場合であり、圧力の強さに応じて、学校のオートポイエーシスは歪むことになる。そして、圧力がある点を超えると、学校のオートポイエーシスは破壊されてしまい、授業らしい授業は成り立たなくなる。第1節で述べた、愛国心教育にはそうなる可能性がある。

もう一つのパタンは、外部からの圧力がそれほど強くない場合である。内容的に取り入れることに反対するのが難しい場合に、一応形としては取り入れるけれど、それまでのオートポイエーシスをまったく、あるいはほとんど変更しないため、そのイシューの中心にある問題を実質的に無意味化してしまうことがある。環境問題が典型例である。愛国心教育についてはすでに論じたので、この節では主に、環境問題を学校で扱う形式である環境教育を例に、社会的イシューが学校に取り入れられると、どのように扱われるかということについて考えてみたい。

環境教育に対する教育システムの対応のパタンとその社会的背景

最初に、環境教育を学校で実践することには本質的な矛盾がある、ということを確認したい。というのは、環境教育を必要にさせている環境問題は、これまで文明が進んできた方向に根本的に疑問を抱かせるものであり、その転換を迫るものであるからである。しかるに、学校の教育内容は基本的に、これまでの文明の方向を正当化し、さらにそれを発展させようとするものである。そのため、既存の教育内容と環境教育がめざすべき教育内容は、容易には接合できないはずである。

ところが、教育関係者の中には、このことをきちんと考えていない人が多いように思われる。単に、環境問題は重要な問題だから学校でも取り上げなければならないと考えているだけであって、既存の教育との矛盾ということはあまり意識していないように見える。しかし、両者の矛盾ということに無自覚に、環境教育、あるいは現在ではＥＳＤ（Education for Sustainable Development ＝持続可能な開発のための教育、あるいは持続発展教育）と言われることが多いが、そうしたものを学校に取り入れても、従来からの教育内容と同じパタンで解釈されるため、文明の方向転換という、環境教育の核となるべきことは宙に浮いてしまうのである。

しかしそれは、教育関係者だけの問題ではない。日本人の大多数が、現在文明が向かっている方向を基本的に肯定している。そのために、環境問題についての情報はある程度広まっているにも拘わらず、多くの人の生活スタイルはほとんど変わらないのである。それは、環境問題に関する情報を単なる情報というレベルで受け止め、世界観の変更を促すものとは受け止めていないからである。

現代日本人の多くが、あたかも環境問題など存在しないかのような生活をしているが、そうなったことには、高度経済成長の経験が決定的だった。三種の神器（白黒テレビ、冷蔵庫、洗濯機）と言われた家電製品を中心に、耐久消費財が日々豊かになっていくのを経験した日本人は、高度成長が人類史上ただ一回の経験であるにも拘らず、普遍的なことと錯覚し、何か問題があると経済成長によって解決することを期待するようになった。「経済成長は神話となった」（武田晴人『高度成長』岩波新書、二〇〇八年、二四〇頁）のである。

高度成長が一回だけという点についてはいくつもの研究があるが、例えば、安場保吉によると、「西洋諸国で一人当たりGNPが目に見えて上昇し、賃金が恒常的に上がり始めるのはいわゆる『近代経済成長』の始動以後のことであるが、日本でも事情は同じである。一八八五年以後の時代になると一人当たりGNPは着実に上昇し始めた。このような目に見える成長は日本の歴史に初めて起こった現象である」（「歴史の中の高度成長」安場保吉／猪木武徳編『高度成長』岩波書店、一九八九年、二七六〜七頁）。しかし、その当時の成長率は二パーセント台にすぎなかった。それが、戦後の高度成長期には一〇パーセントになるのである（『高度成長』二七八〜九頁）。

高度成長が日本人の精神構造を深いところから変えていったのは、物質的な欲望の実現が、精神の解放とも感じられたからである。

消費社会はこのような猛烈企業の行動と「欲求の向上は人間の解放よ、幸福の追求よ」という掛け合いのなかで大きくなります。注意すべきは、この消費社会の持つ人間臭さ、ある種の大衆性、民主性です。いろんな術策を使ってはいるのですが、人間の欲求をとにかく立てるということ、ここに人間臭さ、ある種の民主性の存在する根拠があるのです。そして欲望の解放、その自由な行使はフランス革命以来の働く市民、労働者の正義の御旗、人間解放の根幹でもありました（吉野正治

『あたらしいゆたかさ』連合出版、一九八四年、四九頁)。

そうこうしているうちに、日本人のものごとの受け止め方はすっかり変わってしまった。一九六〇～七〇年代に、マーケティングのバイブルとされた、電通の「PR戦略十訓」なるものがある。それは、捨てさせろ、ムダ使いさせろ、流行遅れにさせろ、気安く買わせろ、といったものである(同書、四六頁)。ノーベル平和賞受賞者のワンガリ・マータイが、日本には「もったいない」という素晴らしい言葉がある、世界中に広めたい、と言ってくれたが、高度成長時代の日本人は、それを忘れるために狂奔していたのであり、大きな成果があった。たいていの日本人は、もったいないという言葉で生活を律することはなくなってしまった。

このようにして、一つひとつの欲求を実現(欲しいものを買う)しているうちに、生活もすっかり変わってしまった。「一九五〇年代初頭の日本は、今から見れば何ともつつましく、古色蒼然とした社会だった。もし現代の若者がそこに迷い込んだとしたら、まるで映画のセットでも見るかのような面持ちで、これは一体どこの国かと思うことだろう。そして貧しい国だと思うに違いない」(吉川洋『高度成長――日本を変えた六〇〇〇日』読売新聞社、一九九七年、三頁)。そのような状態は、高度成長期に根本的に変わった。「今日われわれが、日本の経済・社会として了解するもの、あるいは現代日本人を取りまく基本的な生活パタンは、いずれも高度成長期に作られたのである。高度成長は誇張ではなく、日本という国を根本から変えた」(同書、二頁)のである。

こうした変化をほとんどの日本人は肯定的に受け止めた。そして、高度成長を支えていたのが科学・技術の発展であり、それは無限の進歩を約束しているように思われた。現在何か問題があるとしても、いずれ科学・技術が解決するだろう、と見なされた。そのため、科学・技術の発展には限界がありそれでは解決しない問題もあるというような主張は、人間性を否定するもののように受け止められた。それゆえ、そうした主張は頭から拒否され、まともに検討されることはなかった。ましてや、科学・技術の発展が人類に災厄をもたらすなどということは、想像もできないことだった。

日本人の多くは、自覚的かどうかはともかく、進歩を信じる楽観主義者なのである。そのような世界観を身に着けている人間には、環境問題のインパクトを正面から受け止めることは難しい。環境問題が科学・技術に主導された文明、私たちの周囲を消費物で溢れるようにした文明の方向転換を促している、といった考え方は、理解しがたいのである。

そして、この点については、社会の現状に批判的であるはずの反体制的な人々、左翼の人々も同様だった。一九七〇年頃までは、左翼陣営では、近代化、民主化、科学、進歩といった言葉はほとんど同じ意味で使われており、こうした変化の総体が、明るい未来を作る、と考えられていた。中でも重要なのが科学の発展であり、科学が十分に発展して初めて人間は真に理性的に考えることができるようになり、近代化も民主化も本物になると考えられていた。原子爆弾でさえ、そうした認識の根拠となるものだった。戦後左翼的な科学論に大きな影響を与えた武谷三男が、一九四六年には次のように述べていた。

今次の大戦は、原子爆弾の例を見てもわかるように世界の科学者が一致してこの世界から野蛮を追放したのだといえる。……原子爆弾を特に非人道的なりとする日本人がいたならば、それは己の非人道を誤魔化さんとする意図を示すものである。原子爆弾の完成には、ほとんどあらゆる反ファッショ科学者が熱心に協力した（「革命期における思惟の基準」『自然科学』創刊号、民主主義科学者協会自然科学部会発行、一九四六年。佐藤文隆『科学と幸福』岩波書店、一九九五年、一三頁より再引用）。

そして、一九五四年のビキニ事件（アメリカの水爆実験による死の灰が日本の漁船第五福竜丸に降りかかり、死亡者が出た事件）を国民運動に持っていくべく編集された本のタイトルが『死の灰から原子力発電へ』（蒼樹社、一九五四年）だったという。佐藤によれば、一九七〇年前後まで、多くの科学者の平均的認識はこういうものだ（『科学と幸福』一三～四頁）。

もう一人紹介しよう。一九七〇年頃まで左翼陣営の思想に大きな影響を与えた、芝田進午という哲学者がいた。彼によれば、生産力の発展こそが未来の共産主義社会という人類の理想の実現を可能にするのである。そして、その視点から資本主義を批判するのだが、その基本的主張は、資本主義的な生産関係が生産力の発展を阻害するということだった。

オートメーションが完成すればするほど、価値法則・剰余価値法則が止揚されざるをえなくなる。にもかかわらず、資本は価値法則・剰余価値法則なくしては存立できない。これは矛盾である。従って、資本主義は大工業を全面的に発展させ、全生産体系にわたりオートメーションを完成することができない。反対に、大工業の発展そのものが資本主義的生産関係の止揚をせまっている（『人間性と人格の理論』青木書店、一九六一年、二二二頁）。

一九七二年に、ローマクラブの『成長の限界』（大来佐武郎訳、ダイヤモンド社）という本が出た。これは、無限の成長はありえないということが基調であるから、芝田は反論しなければならない。しかしそれは、工業生産においては生産力は幾何級数的に発展するとしたうえで（この前提も、今や誤りであることは明らかである）、「工業生産について幾何級数的発展の法則が当てはまるとすれば、それが農業生産、食糧生産にも当てはまると主張することは当然の論理であろう」（「地球破局論と科学・技術革命」『現代と思想』No.12. 青木書店、一九七三年、一九頁）とするなど、とんでもない論理の飛躍によるものであった。また、「核分裂と核変換の知識を利用すれば、どんな種類の元素も作ることができる」（同書、二一頁）とするなど、基本的な科学的知識もいい加減なものだった。たいていの元素は、人工的に作れなくはないが、コストがかかりすぎるので無意味なのである。その後、芝田は、この問題については沈黙してしまった。無責任なものである。

左翼も含めてほとんどの日本人が、人類は進歩している、今の生活が一番よい、まだまだ問題はあるが、それらは将来必ず生産力の上昇あるいは経済成長によって解決するといった発想、要するに近代化論を信じていた（る）のであり、だからこそ、それが『学習指導要領』の基調になっているのである。

ところが、一九七〇年代以降になると、発展ということは必ずしも望ましいことばかりではないと気づかせることがいくつも見えてきた。学校に長期間行けるようになることが必ずしも子供たちを幸福にするとは限らないということもその一つであるが、とりわけ重要なのが公害・環境問題であった。近代化を主導するはずの科学・技術の発展が、人類に災厄をもたらすかもしれないということに、それは気づかせたからである

ところが、環境教育（ＥＳＤ）と称するものの中には、従来の教育との同質性をことさらに強調するものがある。例えば、

持続発展教育は、学校教育現場においては、何も新しいことを始めることではない。持続可能な未来に向けて、基礎学力と総合的な学習で育む応用的な学力を鍛え、学校全体で計画的に児童・生徒の学力向上を図ることである（阿部治監修『高等教育とＥＳＤ』大学教育出版、二〇一一年、一一八頁）。

といったように言われる。おそらく、新しい教育への取っ掛かりにくさを配慮してのことであろうが、従来の教育との同質性があまり強調されると、何のための環境教育か分からなくなる。ユネスコ、阿部治監訳『持続可能な未来のための教育』（立教大学出版会、二〇〇五年）は、従来の教育との違いが意識されているが、何をなすべきかは根本的には問わないままで、明るく元気に前進という雰囲気に満ちて

いる。ＥＳＤの名で行われている教育はすべて望ましいものである。それゆえ、それらの問には何の対立もないし、既存の教育にそのまま接合できる、という印象を与える。現存の社会・文化が持続可能なものではないという指摘は、あるにはあるが、非常に軽く扱われている。あたかも、問題だと指摘すれば、それだけですぐにでも変わるかのように、である。価値観の変革が重要であることも指摘しているが、「価値観にかかわる原則」は、次のようなものだとしている。

教師にとっての課題は、価値観に関わる問題を、専門的かつ倫理的に扱うための原則を発展させることです。そうした原則は、持続可能性について教えるときに価値観や論争の問題を避けて通ろうとするのは好ましくないし可能でもないことを認めたものでなくてはなりません。そして、批判的思考のスキルを重視して、難しい問題について教える際、積極的・楽観的なアプローチが導き出せるような原則でなくてはなりません（同書、三〇九頁）。

批判的思考をスキルと見ていることも問題だが、それ以上に問題なのは、価値観の問題を「積極的・楽観的アプローチ」を導き出せるものと決めつけていることである。そういうことは、調べてみなければ分からないではないか。全体として分かりやすさ、実践しやすさが強調されている。教師が抵抗なくＥＳＤを取り入れることを狙ったためであろうが、そのために、最も基本的な部分で妥協しすぎているように思われる（環境教育が学校に取り入れられると本質的な部分が骨抜きになるメカニズムについては北村和夫『環境教育と学校の変革――ひとりの教師として何ができるか』農文協、二〇〇〇年の、特に第二章「学校で環境教育は可能か?」参照)。

環境教育に対する学校の他の諸システムの対応のパタン

以上は、近代学校を構成する一つの層、教育システムに関することである。それは、環境教育を、拒否はできないので、形の上では受け入れるけれども、オートポイエティックな作動のゆえに(従来からの慣性のゆえに、と言っても良い)、実質的に無意味化する傾向を持つのである。そうした抵抗を克服して、環境教育を意義あるものにするには、個々の教師の側の環境問題についての理解の深さが、決定的に重要である(前掲『環境教育と学校の変革』第三章参照)。

近代学校のもう一つのシステム、選別システムは、環境教育とは、内容的に無関係である。選別システムは、環境問題が重要とされる以前に教育内容として取り入れられたものをもとに順番をつけている。学習内容の変化を反映させ、環境教育の内容を取り入れようとしても、正解が決められないことが多いので、選別には使えないであろう。

しかし、現実的には、選別システムは環境教育に敵対的である。進学校では、環境教育は成り立たない。「現在の高校は進学校なので必然的に試験を優先せざるを得ず、環境について踏み込んで教える時間がない」とか、「環境について教えるのは……進学校なので無理である。また生徒も進学を見越して授業に望んでいるので、環境の授業をしてもついてこない」、などと言われる（比屋根哲他「ワークショップ形式の環境教育が生徒に及ぼす効果」日本環境教育学会『環境教育』第二四巻第一号、二〇一四年、九三頁）。普段からこうなのだが、受験期になると、環境教育は吹っ飛んでしまう。例えば、受験期に生徒の自殺など、学内で不祥事が起きると、校長がまず言うことは、生徒を動揺させない（＝受験勉強に影響を与えさせない）ということである。そして、そのような言動が、誰にも当然のごとく受け止められている。現代の日本では、受験生を少しでも不利にさせる行為は、最も許し難い行為の一つであり、環境教育のような受験の役に立たないことに時間を割くわけにはいかないのである。

こういった状況は、環境教育関係者にも気づいている人はいる。しかし、それを打破しようとするよりも、現実にすり寄っていく方が一般的のようである。環境教育関係者が、学力重視ということで環境教育が隅に追いやられている状況を打開しようとして、環境教育で必要とされる問題解決能力も重要な学力だということを強調して、環境教育も学力を向上させるということを明らかにすべきだという議論をしている（日本環境教育学会『環境教育』第二一巻第二号、二〇一二年、の座談会）。しかし、環境教育で要求される問題解決能力は正解が誰もわからない場合が多く、必ず正解がある選別システムの学習における問題解決能力とは、まったく別のものである。言葉が同じからといって両者を同じもののように見なし、選別システムにすり寄っていくと、環境教育の独自性は発揮できなくなってしまうであろう。

官僚制組織としての学校も、環境教育には不利に作用する。官僚制では、ヒエラルヒーの上にいる者ほど状況を正しく判断しているということになっている。そのようなことは一般的ではないが、とりわけ環境問題に関しては、ありえない。にも拘わらず、そのことを前提として内容を組み立てるから、結局、今までのやり方は正しかった、ということになる。それはつまり、今までのパタンに環境教育を嵌め込むということであり、実態としてはそれを骨抜きにするということである。

学校はまた子供の集団でもあるが、これが環境教育に対してどのように反応するかは分からない。おそらく一般的な傾向はなく、どのような生活体験の子供が集まっているかによって様々であろう。外部から指導者を呼んで自然観察をした場合に、子供が指導者と仲良くなってしまい自然にはあまり注意が向けられず、指導者が却って当惑することがあるが、これは、子供集団のダイナミクスの現われの一つと言えるであろう。しかし、子供集団の論理が、全体として環境教育にどのような影響を与えるかは、よく分からない。これからの検討課題の一つである。それには、子供たちが自然にふれたときの反応を注意深く観察することによって、ヒントがえられるであろう。

以上でこの節で論じたいことは終りなのであるが、こうしたことは環境教育では普通は論じられることがない。一九九〇年に日本環境教育学会が設立されたが、その時、中心になっている人たちを傍から見ていて感じた違和感がある。その違和感から、前述のようなことを考えるようになったのである。それは、一つは、既存の学校教育と環境教育の相性の悪さを、ほとんど意識していないように見えたことである。もう一つは、環境教育の必要性を述べる人たちの間に見解の相違、あるいは対立があるということを、まったく想定していないように見えたことである。環境教育の主張はどれも基本的に正しいことだから、（授業時間の確保ということを除けば）既存の学校のカリキュラムの中にすんなりと取り入れられるはずであり、また、環境教育の間に対立などあるわけがない、と考えているように見えたことである。直接確かめたことはないが、今でもその違和感は残っている（既存の学校教育と環境教育の間に矛盾があることをテーマとしたものは、日本語では、北村前掲書、『環境教育と学校の変革――ひとりの教師として何ができるか』と、今村光章『環境教育という〈壁〉――社会変革と再生産のダブルバインドを越えて』昭和堂、二〇〇九年、しかない）。

本節で述べたかったことは、社会的イシューも学校の作動に影響を与える重要な要素であるが、学校はオートポイエーシスの重なりであるから、直接的にではないということである。どのような影響を受けるかは、基本的に学校が決めるのである。そういうことを許さないほど外部からの圧力が強い場合は、学校は破壊されてしまう。それほどでもないときには、一応受け入れることは受け入れても、学校のそれぞれのシステムのオートポイエーシスの論理に従って受け入れるので、イシューそのものとしては、無意味になることがある。その例として環境教育について考えた。学校の諸システムのうちで教育システムは、環境教育の理念を抽象的に述べると問題を発見し解決策を考えるといったものになり、教育システムが想定している課題と一致するので、一応は受け入れるが、自らの論理と矛盾しない部分だけを受けいれるので、環境教育としてはあまり意味のないものになっていることが多い。選別システムは、環境教育は内容的に無関係であるうえに、時間的には妨害となるだけだから、排除する。官僚制組織としての学校は、環境教育を、従来から学校がやってきたことと同じことと見なすことによって、無意味化する。子供集団も独特の反応をしているのだろうが、その全体像はまだよく分からない。

このように、近代学校をいくつかのオートポイエーシスの重なりとして見ることによって、一つのことについて、それぞれベクトルの方向が異なる反応をすることが理解できるようになる。それぞれのベクトルの方向を理解し、それぞれにどのように対応するかを考えて初めて、特定の社会的イシューを学校に持ち込むことの意味を考えることができるのである。

5　特定の文化の再生産の場としての学校

学校による意図せざる文化の再生産

学校が特定の文化の再生産の場であるというのは当たり前のことのようであるが、この節で考えたいのは、普通文化の再生産という言葉で考えられているよりもっと狭いことである。学校は教育するところであり、教育は文化の再生産のために行われている。そのことを目的として学校は設立され、それなりの効果を上げているわけであるが、学校は、そのような、意図したわけではない文化も再生産しているのである。多くの子供が一箇所に、恒常的に集められているために、設立目的とは無関係な文化が発生し、それが再生産され、さらに社会的に受け入れられることがある。そのような文化も、学校の作動に影響を及ぼすとともに、学校の社会的意味をより多面的で複雑なものにしている。本節では、そういった学校特有の文化について考えてみたい。つまり、表題は、「特定の」に強調点があるのである。その重要なものにサークル活動がある。それらを文化系、スポーツ系と分けることがあるが、ここでの文化には、当然スポーツも含む。

学校は、授業の外でも、様々な文化を副次的に再生産しているが、副次的とは学校設立の際意図されたものではないということであり、価値が低いということを必ずしも意味しない。学生にとっては、そちらの方が重要な場合もある。例えば作曲家の古賀政男が作り、社会的評価も定着している明治大学マンドリンクラブでは、入部するにも一定以上の技量が必要で、入部してからは全国を回る演奏会などが忙しく勉強どころではなくなり、明治大学ではなくマンドリンクラブを卒業したという感じになるようである。また、運動能力がすぐれた生徒を優先して入学させるということは、多くの大学や高校で行っているが、在学中の学力評価は非常に甘いものになる。それは、学校の本来の目的を放棄したものだとも言えるが、学校の経営戦略としても、個人の人生設計としてもきちんと位置づけられていることだから、そういう批判は現実に対して影響を与えることはない。そういった、学校本来のあり方から外れているように見える部分も含めて、全体として学校は成り立っているのである。学校は、教育や選抜だけしているのではない。それ以外にも様々な文化を再生産している。そうしたものも含めた全体が個々の学校の存在意義として社会に受け止められ、そのことも含め社会に定着しているのである。

多くの若者が一箇所に集まると、様々な相互作用が発生し、集まった目的（学校ならば、教育を受けること）以外のことをやろうとする者も出てくる。最初は自分がやりたいからやったことが次第に規模が大きくなると、社会的に認知され、受け入れられることがある。学生・生徒だけで、学校の中だけで行われていたことが、新しい学校と社会との相互作用を創発させるのである。

明治末から大正にかけて、高等教育機関の学生の運動（スポーツのこと）が盛んになり、それを一般国民も楽しむという状況が生まれた。その様子については天野郁夫『高等教育の時代』下（中央公論社、二〇一三年）の第八章「変貌する学生像」に詳しいが、運動系の活動には様々な施設が必要で、その建設や維持にはかなりのコストがかかる。それが可能になったということは、その学校が「高等教育機関としてのテイクオフの段階に達したことを意味する」（同書、二四〇頁）という指摘は重要である。学校が自律性を最終的に確立し、自身の論理に従って作動するようになり、それに伴って、学校と社会の相互作用が、より高度な、より複雑な段階に入ったのである。

学校は社会の要請に応えて、つまり社会的に必要な能力を持った人材を供給することを目的に設立されるのであるが、いったん社会に定着すると、それまではなかったまったく新しい文化、学校ができて初めて存在するようになった文化を社会に提供し始め、それを国民が受け入れるようになるのである。この場合も、人材需要のばあいと同様、社会が需要者で学校が供給者であるが、需要を発生させる側が逆になっている。人材需要の場合は、社会の側に需要が発生するのであるが、新しい文化の場合は、学校が需要を喚起するのである。さらにまた、学校が需要者で社会が供給者である場合もある。そもそも学生・生徒がそうであるが、それ以外にも、運動用具や学用品などのように、社会が、学校が持続的に存在し続けることを前提に、供給しているものはたくさんある。学用品などは、単に実用的な部分だけが消費されているのではなく、様々なデザインを工夫して競争しているので、これも一種の文化、学校が喚起した文化である。

学校スポーツとその他の文化活動

学校は、社会に定着すると、新しい文化を創出し、それによっても社会の様々な部分と、様々な形で繋がりを持つようになる。つまり学校は、社会的（特に経済的）に必要な人材の供給という一点だけで社会と繋がっているのではない。それ以外にも様々な繋がりがあり、それらの総体として学校は、社会に受け入れられているのである。それゆえ、学校の将来像を構想するに当って、社会的に必要な人材の供給という一点だけで考えるのは、きわめて一面的である。

学校が新しい文化を創出し、そのことによって学校と社会の関係が変わったことについて、スポーツを例に見てみよう。

東京の大学野球リーグが始まったのは一九一四年だが、このときの加盟校は慶応、早稲田、明治の三大学だけだった。これに法政、立教、東京帝大が順次加盟して、一九二五年には東京六大学連盟が発足した。プロ野球がまだなかった当時、人気の中心は一九一五年に始まった全国中等学校野球大会（今日の全国高校野球選手権大会、つまり甲子園野球）と六大学野球だった。国民は熱狂したが、そうした状況を、大学も利用しようとする。「社会に広がったスポーツ熱のもとで、大学でのスポーツが一部私立大学にとって、学生のための、学生たちによる自主的・主体的な活動から、大学自身にとっての事業へ、重要な経営上の手段へと転化しはじめ」た（前掲『高等教育の時代』下、二四四頁）のだ。そして、そうした努力の結果も国民に受け入れられた。また、活躍した選手たちもそれに応じた社会的処遇を受けるようになる。学校と社会の関係は複雑になり、どのような学力をつけたかという一つの視点だけで論じられるようなものではなくなるのである。

甲子園野球についてては、それが社会的にどのように意味づけられてきたかについての研究があるので、紹介したい。私たちは何より、そこで生成する物語に魅了されているのである。それはどんな物語かと言うと、

「純真で」、「男らしく」、「すべてに正しく、模範的な」、「青少年」が「スポーツマンシップ」と「フェアプレー」の「精神」で「地方の代表」として「溌剌たる妙技」を見せるという甲子園野球の「物語」、あるいは「神話」（清水諭『甲子園野球のアルケオロジー』新評論、一九九八年、二三九頁）

である。もちろん、神話と言われるくらいだから、これにぴったりの事実だけではなく、これに反する事実もあるわけで、実際は、両者の「せめぎ合いの歴史」（同書）である。しかし、物語を持続させようとする力も強く、それは、「日本高等学校野球連盟―NHK、朝日新聞社―阪急電鉄、現在では阪神電鉄といった三者の相互関係」（同書、二五七頁）である。また、地元の期待も甲子園野球のあり方を決める重要な要素である。こうした社会的にも大きな影響力を持った関係者が、それぞれのパースペクテ

ィヴに従って（＝別の意味づけをしながら）甲子園野球に関わっているわけで、全体は極めて複雑な様相を呈する。さらに、高校野球の物語も、様々な場所で、様々な影響を与えているであろう。言ってみれば、高校野球という文化は、社会全体を覆っているのである。そうした関係の全体は、単純な需要・供給の図式ではまったく説明できない。

野球をはじめ各種のスポーツ大会にはそれぞれのファンがいる。テレビ局が主催する小学生の縄跳び大会を楽しんでいる人もいる。学校のスポーツ文化の意味は、ファンと一体のものとして理解しなければならない。批判もある。前述のように学校の知名度を上げるためにスポーツに有能な者をスカウトするといったことがなされていて、そもそもフェアでないという批判もある。また、スカウトされた者は、活躍できれば良いが、怪我をしたりすると学校に居場所がなくなってしまう場合もある。しかし、そうしたことも含めて、学校が生み出したスポーツ文化は、全体としては社会に受け入れられている。つまり、学校は教育や選別とは別の論理で作動している面があり、それもそれなりに社会的に受け入れられており、ときには賞賛されることもあるのである。

また、関係者以外にはあまりポピュラーでないが、学校単位で出場権がある各種の芸術関係のコンクールがある。これは、身近に関係者がいない人にはほとんど知られていないと思われるが、当事者にとっては重要な年中行事である。これも、学校があり、単位となる子供集団が安定しているからこそ可能なことであろう。特に、音楽コンクールは、合唱ないし合奏が基本になるので、学校という安定した子供集団が存在しなかったなら、ありえなかった。そして、合唱なり合奏なりを、学校があったからこそ体験できた、という人もたくさんいるであろう。これも、学校が可能にした文化である。

筆者は六〇年代半ばに高校生で、合唱をやっていた。そしていくつかのコンクールに出た。県代表になったこともあるから、それほど下手だったのではないと思うが、今NHK合唱コンクールなどを聴くと、レベルの違いにびっくりする。自分たちがやっていたのは何だったのか、合唱になっていたのだろうか、とまで感じさせられる。このような技術の向上は、毎年コンクールが行われていたからこそであろう。そして、コンクールが可能だったのは、学校があり、そこに子供たちが安定した集団として集められていたからこそである。

去年（二〇一四年）の七月末に、第三八回全国高等学校総合文化祭「いばらき総文二〇一四」（文化庁、公益社団法人全国高等学校文化連盟など主催、朝日新聞社など特別支援）が開かれた。演劇や書道、マーチングバンド・バトントワリングなど二三部門と、総合開会式、パレードに一万九千人が参加した（朝日新聞八月二四日付に、その特集記事がある）。これも参加者にとっては貴重な体験となっているのだろうが、学校の設立時に予定されていたものではない。学校が、安定した制度として、社会に定着しているからこそ、副次的に可能になった、新しい文化である。

このように、学校は、様々な副次的文化を再生産している。偶々そうなったのではなく、必然的なことであろう。人間の興味・関心は多面的で、一つのことに限定できない。多くの人間が集まれば、中には自分と同じことに興味を持つ者もいる。同じことに興味を持つ者がたくさんいれば、興味はさらに高まるであろう。学校はそういう条件を作った。だから、学校から学習課題として与えられた以外のこともやろうとする。何をやるかということは偶然だが、何かをやることは必然である。

こうして学校は、様々な文化を生み出し、再生産している。そうした文化を享受することは、それ自体意味あることであるが、場合によっては学校外にもそれを楽しむ人々がいて、様々な繋がりを生みだしている。高校野球などでたまにあることだが、地域の一体化に、それ以外ではありえないような形で貢献することもある。そして、使用する道具などの、関連する産業を発展させている。学校は、副次的に再生産する文化によっても様々な形で社会に繋がり、社会から必要とされているのである。そうした諸関係は膨大で、とても一望に収められるようなものではない。

学校について考えるには、見通せない部分もあるということを頭の隅に入れておくことが必要ではないだろうか。学校は、おそらく個人の能力では全体を見通せないほど複雑になっているのである。それゆえ、学校関係者であっても全体が見通せているわけではなく、全体を見通せないまま、自分に与えられた持ち場で、学校の一部に関わっているのである。そして、そういうものとして学校は、社会に不可欠な存在となっているのである。

学生運動

本節で、学生運動にふれないならば、重大な欠落と言わざるを得ないであろう。しかし、まだまとまったものを書けない。書くとしたら、なぜ、現実を変革する力になれなかったのか、ということを中心的テーマとしたものになるであろう。そのことについて考えさせられたことの一つは、アメリカの次のような経験である。アメリカでも一九六〇年代は、ニューレフトと言われた反体制的な学生運動が盛んだったが、現在ではその勢いは衰え、当時は目立たなかった保守主義運動が着実に力を蓄えている。

ニューレフトは、権力を実体的に定義し、権力の内側からではなく、権力の外部から社会変革を実現しようとした……権力を奪取するのではなく、個々人の政治参加を促し、権力に対して徹底的に圧力を加えるという手法を取った。……これとは対照的に、若い保守派たちは、よりストレートに制度的な権力を奪取する必要性を認識していた…つまり、権力の外部からではなく、権力の内部に入り込むことによって、保守的な社会変革を促すという問題意識を絶えず持ちつつ、運動に携わっていた（中山俊宏『アメリカン・イデオロギー』勁草書房、二〇一三年、九一～二頁）。

日本の学生運動も、反体制的なものが中心だったが、アメリカと同様の根本的な弱点があった。それは、現状を批判することはできるが、対案を出せないということである。分かりやすい敵が想定されれば、人は集まり、運動は盛り上がるが、その敵と対比されるもの（何が望ましいかということ）が、人によってばらばらなのだ。あるいは何も考えていない者もいる。だから、万が一敵を倒したらどうするかということがまとまらないのだ。しかし、運動の指導者はそうした、味方の欠点を見ようとしない。あるいは、もしかしたら、味方の欠点を見ようとしない者が指導者になる、と言えるのかもしれない。このようなことを中心に、いつか、まとめてみたい。

6　学校が存在すること自体による社会の他の諸部分との影響関係

学校は、比較的広い敷地を占め、多くの子供が集まる。そのこと自体ですでに、「社会の他の諸部分」に影響をおよぼし、影響されている。「社会の他の諸部分」という回りくどい言い方をしたのは、社会があって、その外側に学校があるのではないからである。学校もまた、社会の一部を構成している。だから、学校と対比されるのは社会全体ではなく、「学校以外の社会の他の諸部分」なのである。このことと関連して、もう一つついでに書き添えると、よく教員は世間知らずだと言われるが、そんなことはない。教員が主に学校の中だけで生きていて、そこでしか通用しない発想で何ごとも考えがちであるということは確かであるが、同じことは会社員その他の一般的に社会人としてイメージされている人々にも言えるのである。例えば、最近は企業犯罪がよくニュースになるが、それを実行している人の心の支えは、それが会社の利益になるということである。ときには生甲斐でさえある。そうなってしまうのは、世間の常識よりも「会社の掟」を優先するように訓練されているからである。

経営幹部、上司、先輩などによって繰り返し示される言動、態度によって形作られ、各社の歴史を反映し、個別的であり、明示されることのない社会ルール、すなわち「会社の掟」が存在する。

従うべきルールとして法規定、伝統的規範（道徳など）、「会社の掟」が並存しているのだが、会社員にとって最も優先すべきルールは「会社の掟」であり、時に法規定や伝統的規範から逸脱することも意に介さなくなる（稲垣重雄『法律より怖い「会社の掟」』講談社現代新書、二〇〇八年、八五頁）。

言うまでもなく、「会社の掟」を法規定より優先するのは、会社員としての常識であっても、社会の非常識である。誰でも、自分の生活の中核となっている狭い世界の経験を基にものごとを判断しているのだ。教員だけが特別だと思うのは、学校も社会の一部だということを忘れているからであり、またそれ以上に、自分にも同様の狭さがあるということに無自覚だからである。

本題に戻ると、学校は、他に適当な広さの空地や建物がない場合が多いので、防災訓練や避難所、あるいは種々の集会場などに使われている。また、子供たちの数が多いので、声も大きい。その様子を見て楽しくなる人もいれば、うるさいと感じる人もいる。通学の子供たちの姿は、一つの風景を形作っている。小学校の低学年の生徒が一所懸命に歩いている姿は、誰が見てもほほえましいものであろう。高校生が集団で歩いていると、迷惑だと感じる人もいる。その他様々な形で、学校は、私たちの生活風景の、なくてはならない一部となっている。

そうした学校に、学校の外部の人が意図的に関わろうとすることがある。例えば、地域に残る伝統芸能を保存しようとする場合、学校でおおぜいの子供の前で実演すれば、一定の割合の子供が関心を示す。そこから後継者が育つこともあるであろう。第2節で述べたように、歴史的には学校は、地域の文化を否定してきたのであるが、現在では逆の事態も十分に可能である。また、給食の材料を地域で取れたものを優先すれば、地域の農業の活性化に繋がる。このように、学校が存在しているからこそ可能なことが、学習以外にもたくさんある。

東京神田のある高校では、運動会の町会対抗リレーでいつも最下位だった町会の人が協力を求めてきて、高校生が参加したら順位が上がって大喜び、その後も祭り等の町会の行事には声をかけられるようになった。これは、何でもないことのようであるが、一五歳から一八歳までの少年（青年？）が、学校という形でまとまっていたからこそ可能になったことである。

また、ＰＴＡ活動がもとになって、母親たちによる地域の自然観察を中心とした環境教育のボランティア活動が始まったこともある。子供が学校という、社会的に承認された集団にまとまることによって、親が地域と繋がったり、親どうしが親密な関係を作ったりしているのである。

学校は、存在すること自体によって、様々な繋がりを作ることを可能にしたり、便宜を与えたり、支えられたりしている。支えられている場合は、支えられることによって、支えている者を支えている場合が多い。誰でも、子供（若い世代）に援助できることは、大きな喜びだからである。そうした関係の全体は複雑で、パノラマを見るようにイメージすることは、誰にもできない。前節で述べたことだけでも十分に複雑だが、この節で述べたことは、それに覆いかぶさるような、さらなる複雑さである。

学校のことは良く分かっている、あるいは自分はありのままに学校を見ていると考えている人がいるが、学校は、全体をありのままに見ることができるほど単純なものではない。それ自体の構造が複雑であるだけではなく、社会の様々な部分との複雑な繋がりのもとに、存在しているのである。

ということは、学校の一部を変えた場合、全体としてどのような影響が生じるかは、誰も正確には予測できないということである。しかも、すでに社会は、学校との様々な関係を前提にして動いている。学校の改革案が囂《かまびす》しいが、こうした複雑さを考慮せず、ただ自分が意図した都合の良い変化だけが起こり、他の部分は一切変わらないという、ありえない想定をしたものが多い。

第3章

今ある学校とどうつきあうか

学校改革について

近代学校は、それまでの、教えることだけをしていた学校と異なり、いくつものオートポイエティックに作動するシステムの重なりである、というのが本書の主張である。そのような観点に立つと、近代学校は、様々な部分が、相互に矛盾しているように見えることも含めて、それなりの必然性を持って存在するようになった、非常に複雑なものである、ということが見えてくる。

一つの側面のみに注目し、そこさえ変えれば学校のすべてが改善されるかのように言われることがあるが、そうした主張は、そうしようとしないとして関係者をバッシングする効果しかない。大きな期待とともに制度が変わったけれど、何も解決しないどころか、却って新たな問題を引き起こすこともある。

一九七九年に導入された共通一次試験は、既述のように、国立大学間の差異を可視化させただけである。一九九〇年よりそれは大学入試センター試験となっているが、これを、高校在学中に複数回受験できる、到達度テストにすることが検討されている。一点差で合否が決まるのは不合理だから、段階別の到達度を見るということらしいが、一点の差で決まるのは、受験者数と合格者数の差によるのだから、変えようがない。到達度が評価されても、それだけでは合否を決めようがないから、新たな抜け道（実質的に一点差を問題にすること）の工夫を促すだけであろう。もう、入試改革を考える際、受験生のためという大義名分を立てるのは、止めようではないか。どうやったって、受験生のためにはなりようがないのだ。受験が受験生を苦しめているとすれば、受験で人生が決まるかのように考えないことだ。つまり、自分が変わればよいのだ。それだけのことである。

六・三・三制を四・四・四制に変えるとか、中高一貫制が良いなどと言われるが、学校の全体を見渡した議論には思えない。四・四・四制に変えるとなると、建物の改造だけでも相当の費用が必要だと思われるが、その金を教師の増員など、別のことに使った方がよほど教育効果がある。中高一貫制は、旧制中学に戻るだけの話である。そこに特別の教育効果があるように見える（といっても、実質的には進学率の向上だけだが）のは、旧制中学がそうであったように、少数派である限りで、である。

また、現在の教育の諸問題のほとんどは教育委員会の無責任な体質に由来するとして、それさえ改革されれば教育問題はほとんど解決するようなことが言われている。その「改革」の目玉は、教育長を首長の任命・罷免制にして、教育長を教育行政の責任者とし、教育委員会は教育長の諮問委員会に格下げするというものである（改正地方教育行政法は一四年六月成立、一五年四月施行）。そのきっかけは二〇一一年の大津市の中学二年生のいじめ自殺事件であるが、教訓とすべきことの逆を行くものである。このとき教育委員会の対応が不適切だったのは、必要な情報が伝えられていなかったからである。「いじめと自死との関係は不明」という見解をまとめた時も、委員は埒外に置かれていた。こうしたことの結果として、教育長以下の教育事務局と学校は「第三者的チェックから逃れ」てしまったと、市長のもとに設置された第三者委員会の報告書（一三年一月）は、指摘している。ところが、国の改革論は、教育長の権限をさらに強める、というものである（片山善博「いじめ これが解決策か」『信濃毎日新聞』二〇一三年八月二八日付）。どうして、そのようなものを、万能薬のように言えるのか、不思議である。

しかも、その教育長は首長の指示のもとに動くことになるが、首長の方が教育長や教育委員より教育問題について的確な判断ができると、どうして言えるのだろうか。改革を進めている人たちは、このことをまともに考えたことがあるのだろうか。そして何か思いついたことがあるのだろうか。あるようには思えない。少しでもあれば、それを公表するはずだが、何も出てこない。何も思いつかないのであろう。

首長の権限を強めると、これまでなかったような問題が生じ、しかも歯止めがないといったことになる可能性が大きい。例えば大阪市では、二〇一三年、一一人の民間人校長を採用したが、そのうち四人がすでに、給与が低いと辞職したり（最初から分かっていたはずだが）、教頭に土下座をさせる、児童の母親の体に触る、休みすぎ、といったことで辞めさせられている。問題が噴出したため、市学校活性化条例で「原則公募」としている校長採用制度を改正する条例案が市議会で可決された。しかし、橋下市長は再議権を発動し、修正案を通させなかった（二〇一四年五月三〇日）。こうした事態を報告している小野田正利によると、民間人校長に「思い上がり」と「勘違い」があるのではないか、と言う（「モンスター・ペアレント論を越えて」『内外教育』二〇一四年六月一三日付）。そうした人物はしかし、橋下市長の好みなのであろう。

安倍政権がめざしている方向に教育委員会が変わると、教育好き（＝諸悪の根源は不適切な教育にあるとする一方で、子供が教育次第でどうにでも変えられると錯覚している）で自信過剰の（＝自分自身がよく見えていないということ）首長が無理な介入をして、学校の、とりわけ教育システムのオートポイエーシスを破壊することが多くなると思われる。それはたぶん、生徒が本当に理解したかどうかに関係なく、成果が上がったかどうかを数字で判断する、といったものになる可能性が大きい。アメリカのテキサス州では、すべてが点数のみで評価されるようになり、進級もテストの結果で判定される（小学校でも落第がある）。授業はテストのためにのみなされ、ロボットのように暗記させられ、考えるということはなくなったと批判されているが（Amanda Walker Johnson, *Objectifying Measures : The Dominance of High-Stakes Testing and the Politics of Schooling*, Temple University Press: Philadelphia, 2009. また、ダイアン・ラビッチ、本図愛実監訳『偉大なるアメリカ公立学校の死と生――テストと学校選択がいかに教育をだめにしてきたのか』協同出版、二〇一三年、には他の州での同様の事態の記述がある）、似たようなものになるのではないか。教育の成果が容易に測定できるという発想がそもそも間違いのもとなのだが、新しい制度では、首長がその気になったら、暴走を止められないであろう。

現在の学校は、全体としてはそれなりに機能している。基本的な枠組みは、歴史的に様々な要因が相互作用して、それらのバランスの上にでき上がったものなので、現在の形はあるべくしてある部分が多い（第1章第2節の第三次小学校令の記述参照）。根本的に変えるべきことが、そうあるようには見えない。もちろん、学校の改革が必要ない、というのではない。選別システムとは異なる価値を追求する（学力の点数に表現できないことを大切にする）、父母や地域の住民が学校の教育内容にまで意見を言えるようにする、教師の裁量の範囲を増やす、不要な報告文書を減らすなど、なすべきことはたくさんある。しかし、改革は小さめの方がよい。今あることのほとんどはあるべくしてあるのであり、学校の内外の様々な要素と密接な繋がりを持って存在しているのだから、一つ変えれば、思わぬところに思わぬ影響があるかもしれない。だから、変えるとしたら、一部を、派生的な結果に十分留意しつつ、慎重に変えていくのが良い。問題が生じたら、すぐ元に戻して、やり直せるくらいにゆっくりと。

冷静な判断力を持つために

それでは物足りないと思うのは、学校に幻想を抱いているからである。自分の人生にとって学校が持つ意味を過大評価しているからである。学校は社会の機能システムの一つであり（本書で述べてきたように、それ自体が複数の機能システムからなるとしても）、それ以上でも以下でもない。他の機能システムは、学校がどうあろうと、基本的にはそれと無関係に作動しているのである。そして、機能的分化ということは、分業ではない。近代社会においては個人は、その時々の必要に応じて、様々な機能システムに関わるのである。例えば、物を買うときは経済システムに、投票するときは政治システムに、交通違反をすれば法システムに関わるのであり、一つの機能システムに関わるだけでは、生活は成り立たない。学校を出てすぐ教師になった人も、学校内の諸システムにだけ関わっているのではない。学校は、社会の一部にすぎないのであり、いかなる意味でも人生の全体を左右するようなものではない。そういったことをきちんと理解すれば、つまり学校を、過大な思い入れなしに見ることができるならば、学校改革に対して、大胆かつ慎重になれる。尤も、過大な思い入れなしに学校を見ることは、今学校に通っている児童、生徒、学生には、そして多分教師にも、かなり難しい。しかしそれは、今学校に関わる議論に、最も必要なことである。だから、すでに学校に行かなくなった人が、率直に自分の学校体験、自分にとっての学校の意味を語る必要がある。世間では、優れた教師との出会いが自分の人生を変えたという話が好まれるが、ひどい教師に出会ったけれど何とかダメージを与えられずにすんだ、あるいはその時の心の傷はまだ残っている、という話もたくさんあるはずである。

ともあれ、学校を過大な思い入れなく見るようになれば、一方で、学校の意味はそれほどのものではないということが見えてくる。そうなれば学校改革に大胆になれる。学校でどう過ごすか、どう評価されるかが人生のすべてを決定するわけではないということを、納得できるからである。他方で、個々の学校の多様な側面が見えてくる。学力のランクという一元的尺度だけで判断することはなくなるからである。そうなると、学校改革に慎重になれる。学校の一部を変えることが他の諸部分を、さらには学校以外の社会の諸部分をどう変えるかということに、十分配慮できるようになるからである。

従って、学校について冷静な判断力を持つに必要なことの第一は、学校の作動パタンおよび社会のそれ以外の部分との繋がりをできるだけ詳細かつ正確に、個人的な思い入れをできるだけ排して、見極めることである。学校は教育だけをするところであるとか、テストの点数が高い者はそれに見合った能力を身につけているはずだという思い込みが、どれほど目の前の事実を見えなくさせているかということを見てきた。そういう状態から解放されて、見るべきものをしっかりと見る必要があるということである。

次に必要なことは、心理システムがオートポイエーシスであること、つまり、道徳教育が好きな人たちが考えるように、教育によって子供たちを自分の好みの方向に変えようとしてもそうはいかないということに、十分自覚的になることである。

そして第三は、あらゆる問題が解決した理想の学校はありえない、ということに自覚的になることである。人間のあらゆる問題を解決した社会がありうるというユートピア思想は歴史上いくつもあったが、これまでユートピアと言えるものが実現したことはなかった。フランス革命やロシア革命のように、実現したと思ってもすぐに反対物に転化してしまったものがあるだけである。ユートピアとはトマス・モア（Thomas More, 1477-1535）の造語で、ギリシア語の ou（否定）＋ top（os）（場所）に名詞を作る接尾辞 ia をつけたものであり、どこにもない場所を意味する。モアも、ユートピアを当時のイギリスの社会に実現しようとしたのではない。現実の社会を批判する基準、改革のための指針としてユートピアを描いたのである（沢田昭夫訳『ユートピア』中公文庫、一九九三年）。

しかし、そのような役割に限定したとしても、ユートピアを想定することには問題がある。認識に歪みをもたらすからである。ユートピアが実現可能だということの根拠になりそうなことばかり目につくようになり、それに結びつかないことは瑣末なこととして無視されてしまう。それに、そもそもユートピアが実現不可能だとすれば、そういうものを根拠に現実を批判することにどんな意味があるのだろうか。批判は、一見根本的なものに見えるかもしれないが、具体的にどうしたら良いかについての内実を欠いたものであり、現実の効果としては、現状を前提にしても可能なことを見えなくさせてしまうだけ、といったことになる可能性が大きい。もちろん、先ほども述べたように、改善が望ましいことはいくつもある。しかし、そのどれかが改善されたとしても、また思わぬ所から別の問題が生じてくるであろう。学校にまったく問題がなくなる日は来ない、と私は思う。

そうだとすれば、そのことを前提に学校との付き合い方を考えた方が、有意義ではないだろうか。今の学校にはかくかくの問題があるから自分が本当にやりたいことは今はできないと考えるよりも、現状がそう簡単には変わらないことを前提にして、今何が可能か、自分には何ができるかを考えた方が稔りある結果をもたらすのではないだろうか。できないことよりも、できることに注目するのである。第1章第4節で述べたように、学校が教師を官僚制的に統制しようとしても、統制しきれない部分はどうしても残る。そのようなところで創意を発揮するのだ。少しでも自分がやりたいことができる空間を拡大していくことが、結局は学校のより根本的な改革に繋がっていくのではないだろうか。現状を前提とした小さな改革が、現状を大きく改革する可能性を切り開くのではないか、と思う。

途中何回か、「少し考えてみれば分かる」という表現をしたが、それは、先入観なしに見れば明らかなことを無視している場合が、学校に関する議論では、あまりに多いからである。本書は、自分の目で見たこと、自分の心が感じたことを素直に受け止め、その上であれこれと考えてみよう、という呼びかけである。

ルーマンからのメッセージ

最後に、本書が大きく依拠してきた、ルーマンの社会学と、そこから読みとれる人生観について述べてみたい。ルーマンの社会学のメッセージを最も抽象化すると二つあると思う。一つは、今存在しているものの重みをしっかりと受け止めよ、ということである。どんなに忌まわしく思われることであっても、それなりの必然性はある、簡単になくせると思うな、ということである。例えば、今日では、科学の発展が人類に予想もしない災厄をもたらすのではないかということが危惧されているが、研究を禁止しようとしても、例外なく差し止めることができるのでなければ、無効である。「長期的に見ればプロメテウスが火を取ってくるのを禁止できる見込みは小さい」のである（ルーマン前掲書『社会の科学2』第八章第五節）。そうした科学の発展を、道徳的に批判しても無意味である（何の効果もない）。そのような科学が存在することを前提として、私たちは自分の人生について考えなければならないのである。

もう一つは、逆に、今存在しているものがどれほど必然的に見えても不可避ではない、偶発的である、それ以外の形もありえた。それゆえ、たとえその一部分でしかないとしても変革の可能性はある、ということである。二つのことを合わせて考えると、ルーマンの社会学の基本的なメッセージは、今存在しているものをしっかりと見よう、絶望することも有頂天になることもなしに、そして、自己の責任においてなすべきことから逃げないようにしよう、自己の有限性を忘れることなしに、というものになるであろう。ルーマンがそう考えていたという確証（彼自身の発言）はないが、私は、ルーマンの著作を読みながら、そう感じている。ルーマンは、現代のような方向性の見えない状況の中で、受け入れざるを得ない部分と自己の決断によって変革するべき部分をできるだけ明確に分け、後者については妥協することなく生きることを勧めているのだと思う。そうするしかない、のではないだろうか。

このように書いてくると、ニーバー（Reinhold Niebuhr, 一八九二〜一九七一、アメリカの神学者）の「冷静を求める祈り」を紹介したくなった。これが本当の最後である（チャールズ・C・ブラウン、高橋義文訳『ニーバーとその時代』聖学院大学出版会、二〇〇四年、より）。

The Serenity Prayer

O God, Give us

Serenity to accept what cannot be changed,

Courage to change what should be changed,
And wisdom to distinguish the one from the other.

高橋訳（『ニーバーとその時代』一八三〜四頁）

神よ、
変えることのできないことについては受け入れる冷静さを、
変えるべき事柄については変える勇気を、
そして、それら二つを見分ける知恵をわれらに与えたまえ。

北村訳

神よ、
変えられないことを受け入れる平静さと、
変えるべきことを変える勇気を与えてください。
そして、二つのことを見分ける知恵も。

神という言葉が気になる人もいると思う。そういう人は、この祈りを基本精神とし、大きな成果を上げているAA（Alcoholics Anonymous, アルコール中毒者更生会）のように、神を「自己より大きな〈力〉」

（G・ベイトソン、佐藤良明訳『精神の生態学』新思索社、二〇〇〇年、四五三頁）と考えればよいであろう。

●引用・参照文献（五十音順）

序説

アンドルー・ロビンソン、片山陽子訳『文字の起源と歴史——ヒエログリフ、アルファベット、漢字』創元社、二〇〇六年。

貝塚茂樹編『世界の歴史1』中央公論社、一九六〇年。

竹内芳郎『文化の理論のために——文化記号学への道』岩波書店、一九八一年。

W・J・オング、桜井直文他訳『声の文化と文字の文化』藤原書店、一九九一年。

筑波大学教育学研究会編『現代教育学の基礎』ぎょうせい、一九八二年。

マーシャル・サーリンズ、山口ひさし訳『石器時代の経済学』法政大学出版局、一九八四年。

ミッシェル・セール、米山親能訳『五感——混合の身体学』法政大学出版局、一九九一年。

ルイ＝ジャン・カルヴェ、矢島文夫監訳『文字の世界史』河出書房新社、一九九八年。

第1章

相澤理『東大のディープな日本史』中経出版、二〇一二年。

赤坂憲雄『排除の現象学』洋泉社、一九八六年。

『朝日新聞』一四年八月二三日付社説。

天野郁夫『高等教育の時代』上・下、中央公論社、二〇一三年。

――『学歴の社会史――教育と日本の近代』新潮選書、一九九二年。

――『大学の誕生』下、中公新書、二〇〇九年。

アルフレッド・W・フロスビー、小沢千重子訳『数量革命』紀伊国屋書店、二〇〇三年。

R・P・ドーア、松居弘道訳『学歴社会――新しい文明病』岩波書店、一九七八年。

アントニオ・ダマシオ、田中三彦訳『デカルトの誤り――情動、理性、人間の脳』ちくま学芸文庫、二〇一〇年。

伊藤明夫『はじめて出会う 細胞の分子生物学』岩波書店、二〇〇六年。

伊藤和衛／佐々木渡『学校の経営管理――校長・教頭職の新しい方向』高陵社、一九七二年。

今村仁司『暴力のオントロギー』勁草書房、一九八二年。

祝田秀全『東大のディープな世界史』中経出版、二〇一三年。

ウラジーミル・アルセーニエフ、長谷川四郎訳『デルスー・ウザーラ』上・下、河出文庫、一九九五年、現在は、平凡社東洋文庫に収録。

H・I・マルー、横尾壮英他訳『古代教育文化史』一九八五年。

H・R・マトゥラーナ／F・J・ヴァレラ、河本英夫訳『オートポイエーシス――生命システムとはなにか』国文社、一九九一年。

M・メルロー＝ポンティ、竹内芳郎他訳『知覚の現象学2』、みすず書房、一九七四年。

榎並重行／三橋俊明『「モダン都市解読」読本――あるいは近代の「知覚」を横断する「知識／権力」の系譜学』JICC（現宝島社）、一九八八年。

江守一郎『体罰の社会史』新曜社、一九八九年。

大貫隆志編著『指導死――追いつめられ、死を選んだ七人の子供たち』高文研、二〇一三年。

落合美貴子『バーンアウトのエスノグラフィー――教師・精神科看護師の疲弊』ミネルヴァ書房、二〇〇九年。

小熊英二『1968 上』新曜社、二〇〇九年。

小野田正利「モンスターペアレント論を越えて」『内外教育』二〇一四年四月一八日付、時事通信社。

学校教務編集会編集『詳解 学校運営必携』第四次改定版、ぎょうせい、二〇〇五年。

金子雅臣『職場いじめ――あなたの上司はなぜ切れる』平凡社新書、二〇〇七年。

苅谷剛彦『学力と階層』朝日文庫、二〇一二年。

川上徹『戦後左翼たちの誕生と衰亡――一〇人からの聞き取り』同時代社、二〇一四年。

北村和夫「PISAの理念は問題に具体化されているか」国民教育文化総合研究所『学力研究委員会報告書』二〇〇八年。

久冨善之／佐藤博『新採教師はなぜ追いつめられたか――苦悩と挫折から希望と再生を求めて』高文研、二〇一〇年。

小島勇監修・全国ろう児をもつ親の会編『ろう教育と言語権』明石書店、二〇〇四年。

小林伸行「〈能力〉メディアと『有能／無能』コード」日本社会学会編『社会学評論』Vol.59,No4. 二〇〇九年。

斉藤環『承認をめぐる病』日本評論社、二〇一三年。

坂田仰編『いじめ防止対策基本法 全条文と解説』学事出版、二〇一三年。

笹山尚人『ヒトが壊れていく職場』光文社新書、二〇〇八年。

サラ・フィッシァー／レイチェル・ストール、杉原利治／大藪千穂訳『アーミッシュの学校』論創社、二〇〇四年。

G・ベイトソン、佐藤良明訳『精神の生態学』新思索社、二〇〇〇年。

J・マッカーシー／P・J・ヘイズ／松原仁　三浦謙訳『人工知能になぜ哲学が必要か——フレーム問題の発端と展開』哲学書房、一九九〇年。

柴田正良「ロボットがフレーム問題に悩まなくなる日」信原幸弘編『心の哲学Ⅱ』勁草書房、二〇〇四年。

清水義範『国語入試問題必勝法』講談社文庫、一九九〇年。

霜村三二「若者と友だちになる」『教育』二〇一四年八月号、かもがわ出版。

白井家光『学校が翼をくれた——五五歳で夜間中学に入り、文字を獲得して書いた自分史』一光社、一九八三年。

数研出版『もういちど読むシリーズ』『高校生物』1・2、『高校物理』1・2、『高校数学』1・2。

鈴木翔、本田由紀解説『教室内《スクール》カースト』光文社新書、二〇一二年。

角谷敏夫『刑務所の中の中学校』しなのき書房、二〇一〇年。

高橋誠『受験算数』岩波書店、二〇一二年。

武石典史『近代東京の私立中学校——上京と立身出世の社会史』ミネルヴァ書房、二〇一一年。

竹内洋『立志・苦学・出世』講談社現代新書、一九九一年。

田中智志『教育臨床学——〈生きる〉を学ぶ』高稜社書店、二〇一二年。

田中智志／橋本美保『プロジェクト活動——知と生を結ぶ学び』東京大学出版会、二〇一二年。

玉井康之『学校評価時代の地域学校運営——パートナーシップを高める実践方策』教育開発研究所、二〇〇八年。

辻正矩／藤田美保／守安あゆみ／中尾有里『こんな学校あったらいいな――小さな学校の大きな挑戦』築地書館、二〇一三年。

出口汪『東大現代文で思考力を鍛える』大和書房、二〇一三年。

トール・ノーレットランダーシュ、柴田裕之訳『ユーザー・イリュージョン――意識という幻想』紀伊國屋書店、二〇〇二年。

富田一彦『試験勉強という名の知的冒険』大和書房、二〇一二年。

内藤朝雄『いじめの社会理論――その生態学的秩序の生成と解体』柏書房、二〇〇一年。

――『いじめの構造――なぜ人が怪物になるのか』講談社現代新書、二〇〇九年。

長岡克行『ルーマン／社会の理論の革命』勁草書房、二〇〇六年。

長岡亮介『東大の数学入試問題を楽しむ』日本評論社、二〇一三年。

永岡順／小林一也編『校務分掌』ぎょうせい、一九九五年。

中村高康『大衆化とメリトクラシー――教育選抜をめぐる試験と推薦のパラドクス』東京大学出版会、二〇一一年。

中山茂『帝国大学の誕生』中公新書、一九七八年。

ニクラス・ルーマン、佐藤勉監訳『社会システム理論』上・下、恒星社厚生閣、上・一九九三年、下・一九九五年。

――徳安彰訳『社会の科学1』『社会の科学2』法政大学出版局、二〇〇九年。

――村上淳一訳『社会の教育システム』東京大学出版会、二〇〇四年。

――土方透／松戸行雄訳『ルーマン、学問と自身を語る』新泉社、一九九六年。

ニコラス・ハンフリー、垂水雄二訳『内なる目──意識の進化論』紀伊國屋書店、一九九三年。

西垣通『基礎情報学』NTT出版、二〇〇四年。

日本レメディアル教育学会監修『大学における学習支援への挑戦』ナカニシヤ出版、二〇一二年。

日本比較教育学会編『比較教育学研究』四七「特集、各国におけるいじめと体罰」東信堂、二〇一三年。

バーナード・マンデヴィル、泉谷治訳『蜂の寓話──私悪すなわち公益』法政大学出版局、一九八五年。

バートランド・ラッセル、安藤貞夫訳『教育論』一九九〇年。

広田照幸『教育言説の歴史社会学』名古屋大学出版会、二〇〇一年。

『毎日新聞』二〇一二年五月一二日付「社説」。

『毎日新聞』二〇一二年一〇月一日付「社説」。

『毎日新聞』二〇一三年一月二二日付「社説」。

福岡伸一『動的平衡──生命はなぜそこに宿るのか』木楽舎、二〇〇九年。

福田ますみ『でっちあげ──福岡「殺人教師事件」の真相』新潮社、二〇〇七年。

プラトン、久保勉訳『ソクラテスの弁明　クリトン』岩波文庫、一九二七年。

ベッカー／クレインスミス／ハーディン、村松正實／木南凌監訳『細胞の世界』西村書店、二〇〇五年。

松下佳代「PISAリテラシーを飼いならす」日本教育学会『教育学研究』第八一巻第二号、二〇一四年。

松村二美『学級愉快──そこには、子供、先生、親の溢れる愛があった』風詠社、二〇一三年。

マララ・ユスフザイ、金原瑞人／西田佳子訳『わたしはマララ──教育のために立ち上がり、タリバンに撃たれた少女』学研マーケティング、二〇一三年。

三木成夫『内臓のはたらきと子どもの心』築地書館、一九八二年。

ミシェル・フーコー、田村俶訳『監獄の誕生──監視と処罰』新潮社、一九七七年。

文部科学省『小学校学習指導要領』二〇〇八年、『中学校学習指導要領』二〇〇八年、『高等学校学習指導要領』二〇〇九年。
安富歩『複雑さを生きる――和らかな制御』岩波書店、二〇〇六年。
柳田國男『明治大正史世相編上』講談社学術文庫、一九七六年。
山岡信幸『忘れてしまった高校の地理を復習する本』中経出版、二〇一二年
山川出版社『もういちど読む山川日本史』『もういちど読む山川世界史』。
山田洋二『学校』岩波書店、一九九三年。
ユキュスキュル、日高敏隆／羽田節子訳『生物から見た世界』岩波文庫、二〇〇五年。
横浜市教育委員会編著『教師力向上の鍵』時事通信社、二〇一一年。
ルネ・ジラール、古田幸男訳『暴力と聖なるもの』法政大学出版局、一九八二年。
David F. Labaree, *How to Succeed in Schools Without Really Learning*, Yale University Press: New Haven & London, 1997.
Niklas Luhmann, 'Systeme verstehen Systeme', in : Niklas Luhmann und Karl Eberhard Schorr (Hrzg.), *Zwischen Intrasparenz und Verstehen*, Frankfurt am Main (Suhrkamp), 1986.
John Abbott, with Heather Mc Taggart, *Overschooled but Undereducated : How the Crisis in Education Jeopardizing Our Adolescents*, Continuum, 2010.
Peter Sacks, *Standardized Mind*, Perseus Books, 1999.

第2章

『朝日新聞』二〇一四年八月二四日付。

阿部治監修『高等教育とＥＳＤ――持続可能な社会のための高等教育』大学教育出版、二〇一一年。

天野郁夫『高等教育の時代』下、中央公論社、二〇一三年。

五十嵐顕『民主教育論――教育と労働』青木書店、一九五九年。

市川昭午『愛国心――国家・国民・教育をめぐって』学術出版会、二〇一一年。

稲垣重雄『法律より怖い「会社の掟」』講談社現代新書、二〇〇八年。

今村光章『環境教育という〈壁〉――社会変革と再生産のダブルバインドを越えて』昭和堂、二〇〇九年。

岩田重則『ムラの若者・国の若者――民族と国民統合』未来社、一九九六年。

内田隆三『国土論』筑摩書房、二〇〇二年。

岡崎勝「俺のとは違うなぁ」『現代思想』二〇一四年四月号、青土社。

貝塚茂樹『道徳教育の取扱説明書』学術出版会、二〇一二年。

勝田守一『人間の科学としての教育学』国土社、一九七三年。

『季刊地域』Spring 2014, No.17. 農文協。

北田耕也『〈長詩〉遥かな「戦後教育」――けなげさの記憶のために』未来社、二〇一二年。

北村和夫『環境教育と学校の変革――ひとりの教師として何ができるか』農文協、二〇〇〇年。

木村三浩『お手軽愛国主義を斬る――新右翼の論理と行動』彩流社、二〇一三年。

教育科学研究会編『子どもの生活世界と子ども理解』かもがわ出版、二〇一三年。

佐藤歩由「文化としての有機農業――山形県高畠町の実践」、二〇一二年に一橋大学に提出した修士論文。

佐藤秀夫『学校教育うらおもて事典』小学館、二〇〇〇年。

佐藤文隆『科学と幸福』岩波書店、一九九五年。

佐波優子『女子と愛国』祥伝社、二〇一三年。

佐谷真木人『日清戦争――「国民」の誕生』講談社現代新書、二〇〇九年。

芝田進午『人間性と人格の理論』青木書店、一九六一年。

――「地球破局論と科学・技術革命」『現代と思想』No.12. 青木書店、一九七三年。

『信濃毎日新聞』二〇一三年六月二六日付。

志水宏吉『「つながり格差」が学力格差を生む』亜紀書房、二〇一四年。

清水諭『甲子園野球のアルケオロジー』新評論、一九九八年。

白川部達夫『近世の百姓世界』吉川弘文館、一九九九年。

成城学園澤柳政太郎全集刊行会編『澤柳政太郎全集』第三巻 国土社、一九七八年。

全国農業教育研究会『農業教育研究』三五号、二〇一一年。

高橋敏『近代史のなかの教育』岩波書店、一九九九年。

武内善信『闘う南方熊楠――「エコロジー」の先駆者』勉誠出版、二〇一二年。

武田晴人『高度成長』岩波新書、二〇〇八年。

武谷三男「革命期における思惟の基準」『自然科学』創刊号、民主主義科学者協会自然科学部会発行、一九四六年。

辻英之『奇跡のむらの物語――一〇〇〇人の子どもが限界集落を救う!』農文協、二〇一一年。

ドネラ・H・メドウズ他、大来佐武郎監訳『成長の限界――ローマ・クラブ「人類の危機」レポート』一九七二年、ダイヤモンド社。

中島岳志『「リベラル保守」宣言』新潮社、二〇一三年。

中山俊宏『アメリカン・イデオロギー』勁草書房、二〇一三年。

ニクラス・ルーマン、徳安彰訳『社会の科学1』『社会の科学2』法政大学出版局、二〇〇九年。

日本環境教育学会『環境教育』第二一巻第二号、二〇一二年。

比屋根哲、他「ワークショップ形式の環境教育が生徒に及ぼす効果」日本環境教育学会『環境教育』第二四巻第一号、二〇一四年。

藤井美香「島嶼部における学校の意味」青木康裕／田村雅夫編『闘う地域社会――平成の大合併と小規模自治体』ナカニシヤ出版、二〇一〇年。

ベネディクト・アンダーソン、白石さや／白石隆訳『増補 想像の共同体――ナショナリズムの起源と流行』NTT出版、一九九七年、二四頁。

堀井啓幸「学校改善を促す教育条件整備」日本教育経営学会編『社会変動と教育経営』第一法規、二〇一三年。

堀尾輝久『現代教育の思想と構造』岩波書店、一九九二年。

松田茂利『学校の先生は休めない――子どもたちの声・教師の声』光陽出版社、二〇一一年。

宮地正人『日露戦後政治史の研究――帝国主義形成期の都市と農村』東京大学出版会、一九七三年。

民主主義科学者協会自然科学部会共同デスク編『死の灰から原子力発電へ』蒼樹社、一九五四年。

無着成恭編『山びこ学校』岩波文庫、一九九五年、初出は一九五一年。

文部省『期待される人間像』大蔵省印刷局、一九六六年。

安富歩『ジャパン・イズ・バック――安倍政権にみる近代日本「立場主義」の矛盾』明石書店、二〇一四年。

安場保吉「歴史の中の高度成長」安場・猪木武徳編『高度成長』岩波書店、一九八九年。

ユネスコ、阿部治監訳『持続可能な未来のための教育』立教大学出版会、二〇〇五年。

吉川洋『高度成長――日本を変えた六〇〇〇日』読売新聞社、一九九七年。

吉野正治『あたらしいゆたかさ――現代生活様式の転換』連合出版、一九八四年。

吉見俊哉他『運動会と日本近代』青弓社、一九九九年。

第3章

小野田正利「モンスター・ペアレント論を越えて」『内外教育』時事通信社、二〇一四年六月一三日付。

片山善博「いじめ これが解決策か」『信濃毎日新聞』二〇一三年八月二八日付。

G・ベイトソン、佐藤良明訳『精神の生態学』新思索社、二〇〇〇年。

ダイアン・ラビッチ、本図愛実監訳『偉大なるアメリカ公立学校の死と生——テストと学校選択がいかに教育をだめにしてきたのか』協同出版、二〇一三年。

チャールズ・C・ブラウン、高橋義文訳『ニーバーとその時代——ラインホールド・ニーバーの預言者的役割とその遺産』聖学院大学出版会、二〇〇四年。

トマス・モア、沢田昭夫訳『ユートピア』中公文庫、一九九三年。

ニクラス・ルーマン、徳安彰訳『社会の科学2』法政大学出版局、二〇〇九年。

Amanda Walker Johnson, *Objectifying Measures : The Dominance of High-Stakes Testing and the Politics of Schooling*, Temple University Press: Philadelphia, 2009.

あとがき

去年の二月に、黄疸かも知れないと思い近所の診療所に行った。すべてはそこから始まった。黄疸の数値が高すぎるというので総合病院を紹介され、そこで改めて検査した結果、このまま入院した方が良いと言われた。一橋大学のレポートの採点がまだ残っていたが、入院してもできると思い、同意した（採点は何とか間に合った）。

入院を決めた時点ではそれほど大したことではないと思っていたが、黄疸の原因は膵臓ガンだった。そのために胆管が詰まってしまったということだった。ガンはすでに肺に転移していた。突然、残りの人生は、もしあるとしても、家の中とごく近所だけになると覚悟しなければならないことになった、と思った。元々足が悪いのであまり外出しない生活をしていたが、それでも最低限の社会との繋がりは確保していた。それがもうできないことになったと思った。私は、元来、できないことを諦めるのは早い方だと思うが、今度ばかりは、状況を納得するには時間がかかりそうだった。

しかし、まだ寝たきりということもなかったので、入院したことは、緊急の必要がある人にしか知らせなかった。その一人が日本大学の広田照幸さんで、四月からの非常勤講師はできそうもない、と伝えた。そうしたら彼は、見舞いに来てくれた。その時に、「遺言でも書いておいた方がいいんじゃないか」（広田さん）、「そうだね」（私）というようなやりとりがあった。

その時の私は体重が一〇キロ以上減り（今は少し回復した）、黄疸の症状もしっかりと出ていたので、いかにも病人らしく見えたであろう。確めてはいないが、あまり長くないように見えたかもしれない。しかし、会話は普通にできたので、残った体力で何か書けるだろうと考えてくれたのだと思う。

私としても、元々その気はあったし、残された時間はわずかだと思ったので、今すぐ書き始めようと思った。そこで、自分が思いついた、一般的ではないと思われるアイデアについて、ノートを取り始めた。

一月弱で黄疸の症状が落ち着いたので退院し、それからノートを文章にし、広田さんの所に送ったら、どこかの出版社に紹介しましょうということになって、できたのが本書である。

いったん退院した後でも、ガンの治療開始（飲薬だけ）と、糖尿病（膵臓が弱まってインスリンが十分出なくなったため）治療のために、それぞれ一週間弱入院した。六月の始めからは家にいて、月に一度ほどの診察を受ける以外は、ガンと糖尿病の治療を自分でしている。体調は、黄疸の症状がなくなってからは、活動量が少ないためもあるだろうが、あまり病気のことは意識しないほどまで回復した。

そんな事情で、本格的に書き始めたのは六月以降だが、非常勤講師（前期は日大と駒澤大）をしなくなったこともあり、何とかまとめることができた。約四か月で書き上げたことになるが、もちろん、以前から構想はあった。一橋大学の一三年度後期の授業「教育原理」は、本を書くことを前提にして構成していた。しかし、前記のような事情がなかったなら、集中して一冊にまとめるということはできなかったであろう。これで、自分のアイデアには公にする価値があるものあるが、発表の機会がないという長年の不満が、かなり解消された。何が幸いするか分からないものである。

黄疸にならなければ、おそらく今頃は昨年と同じような生活をしていただろう。本を書くチャンスがないなあと思いながら。あるいは、手遅れになったガンが発見されて、それどころではなかったかもしれない。いずれにしろ、今の生活はそれよりも充実している。とりわけ、二月には、生活を大幅に縮小しなければならないと考えていただけに、そう思う。現在は、行動範囲も、発病以前から若干縮小しただけになっている。このような生活がもう少し続けられたら、自分のことで思い残すことはなくなるような気がする。先のことは分からないが。

あとがきには、普通はこんなことはあまり詳しくは書かないものだが、割と珍しい話だと思うので、書いてみた。

書き上げたものを見ると、項目ごとの記述量のアンバランスが目立つ。それは、全体構想が先にあったからである。近代学校の全体像を捉えるにはどのようなことを考えなければならないかということをまず論理的に考え、その後で自分が書きたいこと、書けることを書いたらこのようになった。十分に書けなかった部分はこれから補っていかなければならないが、同じような関心を持つ人が出てくることを期待したい。ともあれ、目次が、それ自体にも意味がある、というように受け止めていただけたら有難い。

学力について論じている部分などに若干繰り返しがあるが、それぞれのテーマについて考えるときに改めて想起して欲しいことを書いたものなので、寛恕していただきたい。

論述のスタイルとして、最初に、そのテーマについて考える際基礎にしなければならないことを確認して、次いでそこから論理的に導かれることを記述する部分が多くなった。このようなスタイル自体も一つのメッセージ、のつもりである。

そうしたスタイルのために、事実の断定が多くなった。しかし、それが事実であると確認することとそのことの価値評価はまったく別である。時々注意を促したので、その点について誤解はないと思うが、最後の部分に関して一言補足しておきたい。私は無神論である。それもかなり筋金入りの、と自分では思っている。それにまた、本書でもある程度は明らかにできたと思うが、私は対話が、これからの世界で非常に重要だと考えている。そして、対話の最大の障害は、世界的には宗教だと考えている。だから、宗教批判を、今きちんとやらなければならないと考えている。

しかし、そうした論理的思考と感じることは別である。私は、以前から、自分の死を現実的なものとして受け止めざるをえないような状況になったら宗教に対する感じ方も変わるのかと、自分のことを第三者のような関心を持って眺めていたが、今のところそのような気配はない。

内容についての補足は以上である。このあたりでお世話になった人のことを書くのが常道だろうが、私は組織に属していないし、足が悪いのでできるだけ外出しないようにしているので、人との付き合いは少ない。それで、研究上の影響を受けたと特筆するような人はいない。しかし、引用した人たちにはお世話になったと言わなければならないであろう。それには、ルーマンを翻訳した人たちも含まれる。彼らの業績がなければ、私の貧弱なドイツ語では、本書のような形でルーマンを利用することはできなかった。

本書ができるに当たっては、前述のように広田さんにお世話になりました。どうもありがとう。また、世織書房の伊藤晶宣さんと門松貴子さん、菅井真咲さんにお世話になりました。とりわけ、文章の細かいところをチェックしていただいたことと、急いで本にしていただいたことに感謝しています。

常勤の職に就いているだけではなく、家事も十分にこなし、私の生活を支えてくれている妻に感謝している。インターネットが使えない等、何かと現代社会には不適応なことが多いうえに、病気にまでなってしまいましたが、今しばらくよろしく。

息子にも感謝している。君も私を支えている。そのことは君も分かっているだろうが、君が分かっている以上に、だ。たぶん。

北村和夫

二〇一五年四月八日

北村和夫（きたむら・かずお）プロフィール

一九四九年、長野県更級郡塩崎村（現長野市）に生まれる。七四年、東京大学教育学部卒業。八一年、同大学院単位取得満期退学。専攻は教育社会学だったが、現在は、専門は環境教育ということにしている。八五年に、『教育』（国土社）の九、一〇、一二月号に、「自然と文明」として、環境問題の現状についてまとめている。

環境問題を解決するには、消費への欲望が社会的に作られていることについても考えなければならないと考え、ニコラス・クセノス『稀少性と欲望の近代』（新曜社、一九九五年）を翻訳（共訳）。事実を知ることをどうやって世界観の変革に繋げるかを考え、二〇〇〇年になって『環境教育と学校の変革――ひとりの教師として何ができるか』（農文協）として上梓する。

Julian Jaynes, *The Origin of Consciousness in the Breakdown of the Bicameral Mind*, 1976.（『神々の沈黙――意識の誕生と文明の興亡』柴田裕之訳、紀伊国屋書店、二〇〇五年四月）を知り、人間がなぜこれほど考える際に権威に頼り、対話が不可能になっているのかの考察に必須と考え、私家版を制作（『意識の起源、構造、制約――「双脳精神」の成立、崩壊、痕跡という視点から見た精神の歴史』二〇〇五年二月）。本書の意義について、「意識というアポリア」（総合人間学会編『自然と人間の破棄に抗して』学文社、二〇〇八年）としてまとめた。その最後に、対話を実現するためには大地と体を権威とすべきと記述。それについて「身体観の革新と教育――学力観と文明観の転換のために」（『駒澤大学教育学研究論集』第二九号、二〇一三年）としてまとめている。

埼玉大学、都留文科大学、一橋大学、日本大学、駒澤大学、東京都市大学（武蔵工業大学）で、教育学、教育社会学、環境教育の非常勤講師を勤める。

オートポイエーシスとしての近代学校 ― **その構造と作動パタン**

2015年7月31日　第1刷発行©

著　者	北村和夫
装　幀	M．冠着
発行者	伊藤晶宣
発行所	(株)世織書房
印刷所	(株)ダイトー
製本所	(株)ダイトー

〒220-0042　神奈川県横浜市西区戸部町7丁目240番地　文教堂ビル
電話045(317)3176　振替00250-2-18694

落丁本・乱丁本はお取替いたします　Printed in Japan
ISBN 978-4-902163-82-7

教育システムと社会●その理論的検討
広田照幸・宮島晃夫編
3600円

「甘え」と「自律」の教育学●ケア・道徳・関係性
下司晶編
2000円

共生社会への教育学●自律・異文化葛藤・共生
岡田敬司
2400円

環境哲学と人間学の架橋●現代社会における人間の解明
上柿崇英・尾関周二編
2400円

意味が躍動する生とは何か●遊ぶ子どもの人間学
矢野智司
1500円

プラグマティズムと哲学の実践
リチャード・シュスターマン／樋口聡・青木孝夫・丸山恭司訳
4000円

〈価格は税別〉

世織書房